もくじ

※（　）の 中の かん字は できかたに ついて かいてあります。

本書《ほんしょ》の特長《とくちょう》と使《つか》い方《かた》

あなたは漢字《かんじ》が好《す》きですか？　本書《ほんしょ》は次《つぎ》の四《よっ》つの特長《とくちょう》で、漢字《かんじ》をしっかり学《まな》べるように工夫《くふう》しました。

●例文《れいぶん》の中《なか》で漢字《かんじ》の使《つか》い方《かた》を理解《りかい》できます

漢字《かんじ》は二字《にじ》以上《いじょう》組《く》み合《あ》わせて（熟語《じゅくご》）使《つか》われることが多《おお》いですし、文章《ぶんしょう》の中《なか》で使《つか》えるようにならなければなりません。

この本《ほん》は、その学年《がくねん》で勉強《べんきょう》する漢字《かんじ》を五十《ごじゅう》の例文《れいぶん》の中《なか》に全部《ぜんぶ》入《い》れています。また、例文《れいぶん》は、理科《りか》の勉強《べんきょう》や社会科《しゃかいか》の知識《ちしき》も入《い》れています。わからない言葉《ことば》（熟語《じゅくご》）が出《で》てきたら、国語辞典《こくごじてん》で調《しら》べてみてください。知識《ちしき》がどんどん広《ひろ》がります。

例文《れいぶん》を読《よ》んだり、漢字《かんじ》を書《か》いたりするうちに賢《かしこ》くなっている自分《じぶん》に気《き》がつくでしょう。

●五《いつ》つの例文《れいぶん》を徹底反復学習《てっていはんぷくがくしゅう》で無理《むり》なく定着《ていちゃく》させます

漢字《かんじ》は一度《いちど》書《か》いたり、読《よ》んだりしただけでは覚《おぼ》えられません。この本《ほん》では五《いつ》つの例文《れいぶん》を「三回読《さんかいよ》み」「なぞり」「読《よ》みがな」「解説《かいせつ》」「難《むずか》しい文字《もじ》の書《か》き取《と》り（二回《にかい》）」「全文書《ぜんぶんか》き取《と》り（二回《にかい》）」の順《じゅん》に繰《く》り返《かえ》し練習《れんしゅう》するようにしていますので、無理《むり》なく学習《がくしゅう》を進《すす》めることができます。

本書《ほんしょ》はページの順《じゅん》に以下《いか》の使《つか》い方《かた》をしてください。

① 例文《れいぶん》を三回《さんかい》読《よ》む。まず、漢字《かんじ》を読《よ》めるようになりましょう。

② 漢字《かんじ》をなぞる。漢字《かんじ》をなぞりながら、漢字《かんじ》の形《かたち》・読《よ》み方《かた》を確《たし》かめましょう。

③ 読《よ》みがなを書《か》く。漢字《かんじ》が読《よ》めるようになったかを確《たし》かめましょう。

④ 古代文字《こだいもじ》などを楽《たの》しみましょう。古代文字《こだいもじ》やイラストなどの説明《せつめい》を読《よ》んで、漢字《かんじ》のでき方《かた》などを知《し》りましょう。

⑤ 漢字《かんじ》を書《か》く。ちゃんと漢字《かんじ》の形《かたち》を覚《おぼ》えたか確《たし》かめましょう。

⑥ この本《ほん》の終《お》わりに、学年《がくねん》の漢字《かんじ》を全部《ぜんぶ》使《つか》ったテストがあります。そのテストで実力《じつりょく》を確認《かくにん》しましょう。

●手書《てが》き文字《もじ》がお手本《てほん》になります

この本《ほん》では活字《かつじ》ではなく、実際《じっさい》に書《か》くときにお手本《てほん》になるような文字《もじ》を使《つか》っています。なぞったり、見本《みほん》の文字《もじ》として活用《かつよう》してください。

●古代文字《こだいもじ》の解説《かいせつ》があります

漢字《かんじ》は、三千年《さんぜんねん》以上《いじょう》も前《まえ》に中国《ちゅうごく》で作《つく》られました。そして、今《いま》も日本《にほん》や中国《ちゅうごく》で使《つか》われています。漢字《かんじ》は長《なが》い間《あいだ》使《つか》っているうちに、書《か》きやすい字《じ》、速《はや》く書《か》ける字《じ》、美《うつく》しい字《じ》がいろいろ発明《はつめい》されてきました。そうやって、だんだんと字《じ》の形《かたち》が変《か》わってきました。

漢字《かんじ》を勉強《べんきょう》しているあなたに、古代文字《こだいもじ》にふれてもらって、漢字《かんじ》がさらに好《す》きになってもらいたいなと思《おも》って、「漢字《かんじ》のでき方《かた》」のページを作《つく》りました。

「いぬ」の漢字《かんじ》を見《み》てみましょう。古代文字《こだいもじ》では「」と書《か》きました。犬《いぬ》の形《かたち》がよくわかります。でも、今《いま》の「犬《いぬ》」の方《ほう》が書《か》きやすいですね。「やま」も「」や「」（二字《にじ》とも古代文字《こだいもじ》）より「山《やま》」が書《か》きやすいでしょう。漢字《かんじ》も一字《いちじ》一字《いちじ》、意味《いみ》や読《よ》み方《かた》、書《か》き方《かた》を覚《おぼ》えるための練習《れんしゅう》がとても大事《だいじ》ですが、ときどき、昔《むかし》の字《じ》はどんな形《かたち》だったのだろうと考《かんが》えてみてください。きっと漢字《かんじ》の勉強《べんきょう》が今《いま》までよりもっと楽《たの》しくなりますよ。

桝谷《ますや》 雄三《ゆうぞう》

＊本書の例文は『スピード学習漢字プリント』（桝谷雄三著・フォーラム・A 二〇〇九年）の例文を再編集致しました。

一年生で　ならう　かん字の　れい文　①〜⑨

① ふじ山《さん》は日本《にっぽん（にほん）》一《いち》の山《やま》です。

② 生水《なまみず》には気《き》をつけよう。

③ ふん水《すい》の下《した》で休《きゅう》けいする。

④ 空《あ》きかんに雨水《あまみず》をためる。

⑤ 川《かわ》のそばで花火《はなび》をする。

⑥ 金《きん》よう日《び》に音《おん》がくがある。

⑦ 月《げつ》ようにアメリカ人《じん》を見《み》た。

⑧ 円《まる》い月《つき》が出《で》る。

⑨ 林《はやし》が大火《おおか》じになる。

一年生で　ならう　かん字の　れい文　⑩〜⑱

⑩ 木《もく》ようと土《ど》ようは天気《てんき》がよかった。

⑪ 白《しら》ゆきひめと七人《しちにん》の小人《こびと》たち。

⑫ 森《もり》の大《おお》きなくぬぎの木《き》。

⑬ 天《てん》は夕日《ゆうひ》で赤《あか》く見《み》える。

⑭ 先生《せんせい》がつま先《さき》で立《た》つ。

⑮ 生《う》まれた子犬《こいぬ》に名《な》まえをつける。

⑯ 右手《みぎて》であく手《しゅ》する。

⑰ 早《はや》くげん気《き》になってえん足《そく》にいく。

⑱ 口《くち》から空気《くうき》が入《はい》る。

一年生で　ならう　かん字の　れい文　⑲～㉖

⑲　王《おう》さまの耳《みみ》はろばの耳《みみ》。

⑳　上《うえ》から目《め》ぐすりを二《に》、三《さん》てきさす。

㉑　上《じょう》下《げ》左《さ》右《ゆう》を見《み》る。

㉒　青空《あおぞら》を見《み》上《あ》げる。

㉓　ろう下《か》で足音《あしおと》がする。

㉔　人《ひと》は右《みぎ》、車《くるま》は左《ひだり》。

㉕　でん車《しゃ》が九《く》じに出《しゅっ》ぱつする。

㉖　五目《ごもく》めしに竹《たけ》の子《こ》が入《はい》っている。

一年生で　ならう　かん字の　れい文　㉗～㉞

㉗ 男女《だんじょ》が二人《ふたり》ずつならぶ。

㉘ この村《むら》の村《そん》ちょうは女《おんな》の人《ひと》です。

㉙ 四月《しがつ》に入学《にゅうがく》しきがある。

㉚ 日《にち》よう日《び》は学校《がっこう》は休《やす》みです。

㉛ 先生《せんせい》のことをさく文《ぶん》にかく。

㉜ 小学生《しょうがくせい》が七百人《ななひゃくにん》います。

㉝ 文字《もじ》を正《ただ》しくかく。

㉞ この本《ほん》は男《おとこ》の子《こ》に人気《にんき》がある。

一年生で　ならう　かん字の　れい文　㉟〜㊷

㉟ 九十《きゅうじっ(じゅっ)》さいまでなが生《い》きする。

㊱ 小《ちい》さな石《いし》を一《ひと》つひろう。

㊲ 大雨《おおあめ》が二日《ふつか》つづく。

㊳ 五《いつ》つのにもつを三人《さんにん》でもつ。

㊴ わたしは六月十日《ろくがつとおか》生《う》まれです。

㊵ 二年生《にねんせい》が八十四名《はちじゅうよんめい》います。

㊶ お正月《しょうがつ》にお年玉《としだま》をもらう。

㊷ 千円《せんえん》さつをさいふから出《だ》す。

一年生で　ならう　かん字の　れい文　㊸〜㊿

㊸　青年《せいねん》はお金《かね》を大《だい》じにつかう。

㊹　白《しろ》い貝《かい》がらを八《やっ》つひろった。

㊺　青《あお》い糸《いと》がと中《ちゅう》できれた。

㊻　草花《くさばな》を大《たい》せつにしよう。

㊼　かぶと虫《むし》はこん虫《ちゅう》の王《おう》さまです。

㊽　村《むら》に田《た》んぼが九《ここの》つある。

㊾　町一《まちいち》ばんの力《ちから》もち。

㊿　土《つち》の中《なか》から、石《いし》が見《み》つかった。

れい文 ①〜⑤

文を　三かい　よみましょう

なまえ

がつ　にち

① ふじ山《さん》は日本《にっぽん（にほん）》一《いち》の山《やま》です。

② 生《なま》水《みず》には気《き》をつけよう。

③ ふん水《すい》の下《した》で休《きゅう》けいする。

④ 空《あ》きかんに雨《あま》水《みず》をためる。

⑤ 川《かわ》のそばで花《はな》火《び》をする。

れい文 ①〜⑤

かん字を　ていねいに　なぞりましょう

なまえ

がつ　にち

① ふじ山《さん》は日《にっ》本《ぽん》一《いち》の山《やま》です。

② 生《なま》水《みず》には気《き》をつけよう。

③ ふん水《すい》の下《した》で休《きゅう》けいする。

④ 空《あ》きかんに雨《あま》水《みず》をためる。

⑤ 川《かわ》のそばで花《はな》火《び》をする。

れい文 ①〜⑤

かん字に　よみがなを　つけましょう

なまえ

がつ　にち

① ふじ山（　）は日（　）本（　）一（　）の山（　）です。

② 生（　）水（　）には気（　）をつけよう。

③ ふん水（　）の下（　）で休（　）けいする。

④ 空（　）きかんに雨（　）水（　）をためる。

⑤ 川（　）のそばで花（　）火（　）をする。

（こたえ⬇9ページ）

れい文 1〜5 かん字の　できかたを　よみましょう

なまえ

がつ　にち

山

やま　サン　山道《やまみち》　ふじ山《さん》

むかし　山《やま》の　形《かたち》から　字《じ》を　作《つく》りました。
上《うえ》の　左《ひだり》の　字《じ》も　むかしの　山《やま》の　字《じ》です。

水

みず　スイ　水《みず》あそび　水《すい》えい

ながれている　水《みず》を　見《み》て
その様子《ようす》を　字《じ》に　しました。

川

かわ　川《かわ》の水《みず》

水《みず》の　字《じ》（）の　りょうがわに
岸《きし》を　表《あらわ》す　線《せん》を　かいています。

雨

あめ　あま　ウ　雨《あめ》ふり　雨水《あまみず》　雨天《うてん》

空《そら》から　雨《あめ》が　ふっている　様子《ようす》を　字《じ》に　しました。
いまの　雨《あめ》の　字《じ》と　よく　にていますね。

れい文①〜⑤ かん字の れんしゅうを しましょう

なまえ

がつ　にち

（こたえ➡9ページ）

① ふじ□《さん》は日《にっ》本《ぽん》□《いち》の山《やま》です。

② 生《なま》□《みず》には気《き》をつけよう。

③ ふん水《すい》の□《した》で休《きゅう》けいする。

④ 空《あ》きかんに雨《あま》□《みず》をためる。

⑤ 川《かわ》のそばで花《はな》□《び》をする。

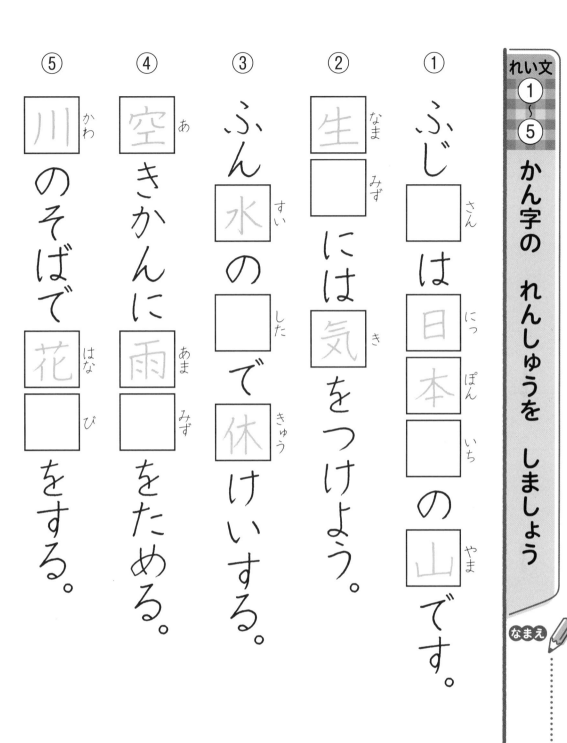

れい文 ①〜⑤

かん字の れんしゅうを しましょう

なまえ

がつ　にち

① ふじ山《さん》は□《にっ》□《ぽん》一《いち》の□《やま》です。

② □《なま》水《みず》には気《き》をつけよう。

③ ふん□《すい》の下《した》で休《きゅう》けいする。

④ □《あ》きかんに雨《あま》水《みず》をためる。

⑤ □《かわ》のそばで花《はな》火《び》をする。

（こたえ➡9ページ）

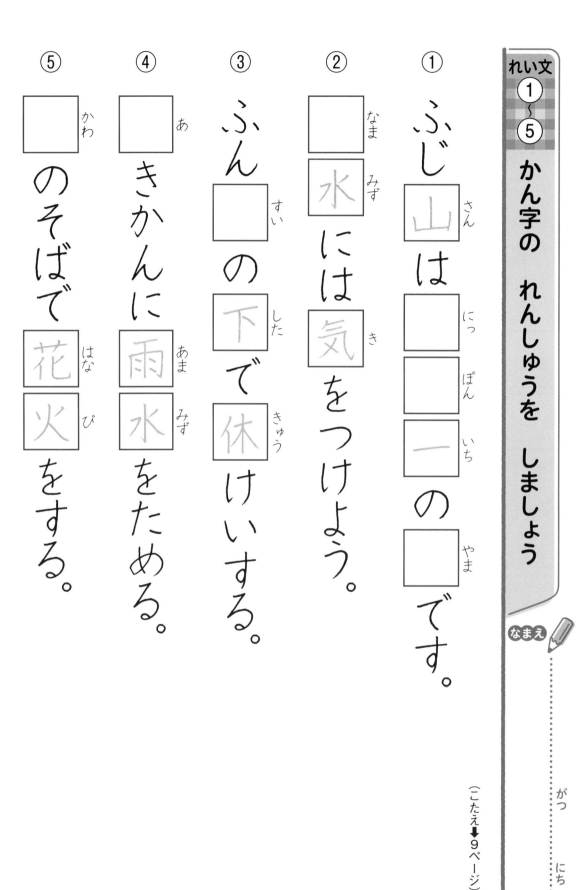

れい文①～⑤

かん字を　かきましょう

なまえ

がつ　にち

（こたえ➡9ページ）

① ふじ□《さん》は□《にっ》□《ぽん》□《いち》の□《やま》です。

② □《なま》□《みず》には□《き》をつけよう。

③ ふん□《すい》の□《した》で□《きゅう》けいする。

④ □《あ》きかんに□《あま》□《みず》をためる。

⑤ □《かわ》のそばで□《はな》□《び》をする。

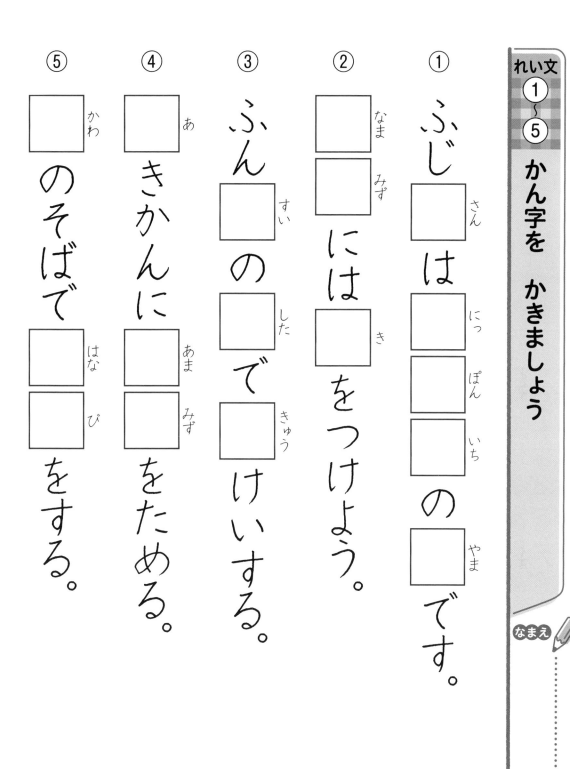

れい文 ①～⑤

かん字を　かきましょう

なまえ

がつ　にち

（こたえ➡9ページ）

① ふじ□《さん》は□《にっ》□《ぽん》□《いち》の□《やま》です。

② □《なま》□《みず》には□《き》をつけよう。

③ ふん□《すい》の□《した》で□《きゅう》けいする。

④ □《あ》きかんに□《あま》□《みず》をためる。

⑤ □《かわ》のそばで□《はな》□《び》をする。

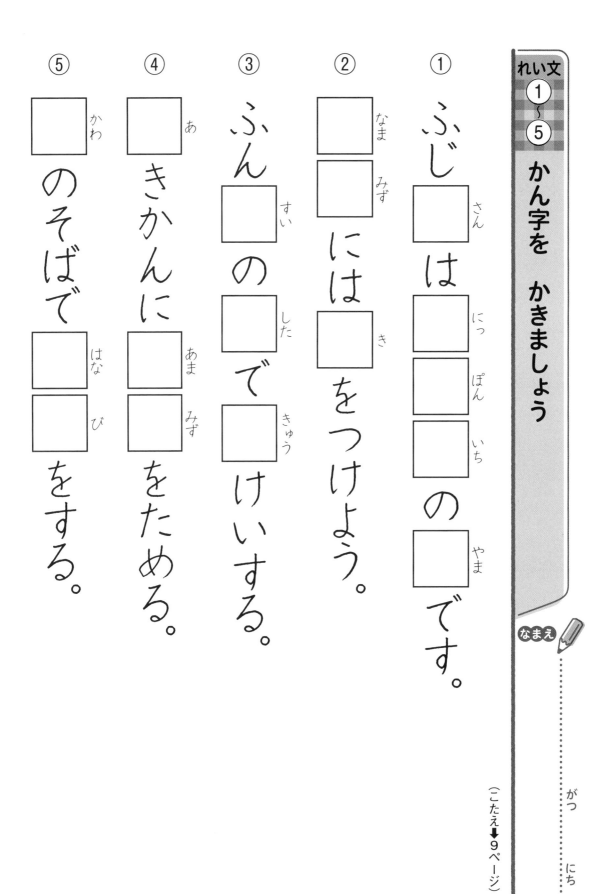

れい文 ⑥〜⑩

文を　三かい　よみましょう

なまえ

がつ　にち

⑥ 金《きん》ように日《び》に音《おん》がくがある。

⑦ 月《げつ》ようにアメリカ人《じん》を見《み》た。

⑧ 円《まる》い月《つき》が出《で》る。

⑨ 林《はやし》が大《おお》火《か》じになる。

⑩ 木《もく》ようと土《ど》ようは天《てん》気《き》がよかった。

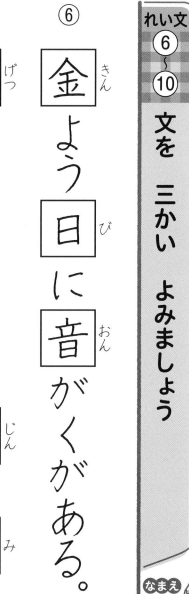

れい文 ⑥〜⑩

かん字を　ていねいに　なぞりましょう

なまえ

がつ　にち

⑥ 金《きん》よう日《び》に音《おん》がくがある。

⑦ 月《げつ》ようにアメリカ人《じん》を見《み》た。

⑧ 円《まる》い月《つき》が出《で》る。

⑨ 林《はやし》が大《おお》火《か》じになる。

⑩ 木《もく》ようと土《ど》ようは天《てん》気《き》がよかった。

れい文 ⑥〜⑩

かん字に　よみがなを　つけましょう

なまえ

がつ　にち

（こたえ⬇17ページ）

⑥ 金（　）よう日（　）に音（　）がくがある。

⑦ 月（　）ようにアメリカ人（　）を見（　）た。

⑧ 円（　）い月（　）が出（　）る。

⑨ 林（　）が大（　）火（　）じになる。

⑩ 木（　）ようと土（　）ようは天（　）気（　）がよかった。

れい文 ⑥〜⑩

かん字の できかたを よみましょう

なまえ

がつ　にち

日

ひ か ニチ ジツ　日《ひ》の出《で》　三日《みっか》　まい日《にち》　休日《きゅうじつ》

お日《ひ》さま（たいよう）の 形《かたち》から できた 字《じ》です。

月

つき ガツ ゲツ　月《つき》が出《で》た　四月《しがつ》　月《げつ》よう日《び》

お月《つき》さんの 形《かたち》から この字《じ》を 作《つく》りました。

火

ひ カ　花火《はなび》　火《か》よう日《び》

もえあがっている 火《ひ》の 形《かたち》です。

※〇火《か》よう日《び》　×日《か》よう火《び》

木

き モク ボク　木《き》のぼり　木《もく》よう日《び》　大木《たいぼく》

木《き》の 形《かたち》から できた 字《じ》です。

※木が ならぶと 林（林《はやし》）に なります。

左《ひだり》の 木《き》は 右《みぎ》の 木《き》に ゆずって 小《ちい》さく なっています。

れい文 ⑥〜⑩ かん字の れんしゅうを しましょう

なまえ

がつ　にち

（こたえ↓17ページ）

⑥ 金《きん》よう日《び》に□《おん》がくがある。

⑦ □《げつ》ようにアメリカ□《じん》を見《み》た。

⑧ 円《まる》い□《つき》が□《で》る。

⑨ 林《はやし》が□《おお》□《か》じになる。

⑩ □《もく》ようと土《ど》ようは□《てん》気《き》がよかった。

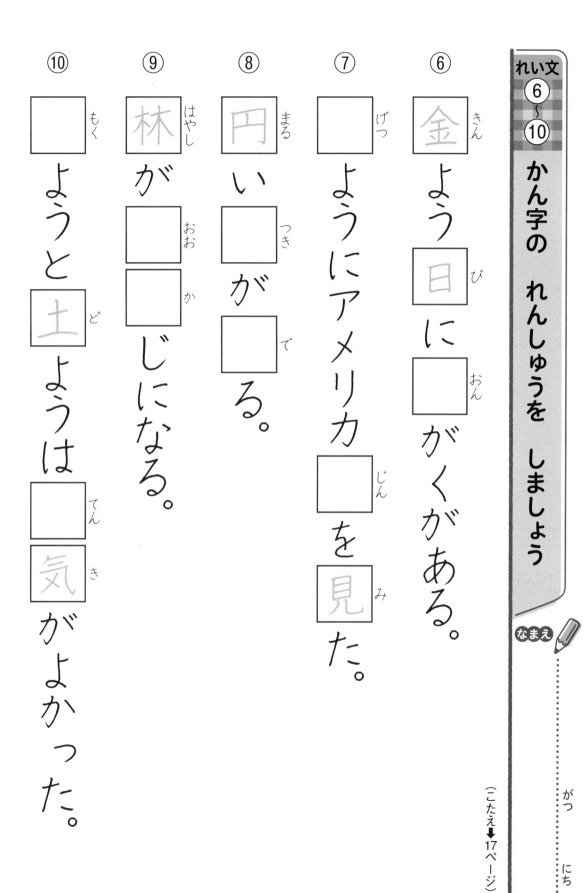

れい文 ⑥〜⑩

かん字の　れんしゅうを　しましょう

なまえ

がつ　にち

（こたえ⬇17ページ）

⑥ □《きん》よう□《び》に音《おん》がくがある。

⑦ 月《げつ》ようにアメリカ人《じん》を□《み》た。

⑧ □《まる》い月《つき》が出《で》る。

⑨ □《はやし》が大《おお》火《か》じになる。

⑩ 木《もく》ようと□《ど》ようは天《てん》□《き》がよかった。

れい文 ⑥〜⑩

かん字を　かきましょう

なまえ

がつ　にち

（こたえ➡17ページ）

⑥ □《きん》よう□《び》に□《おん》がくがある。

⑦ □《げつ》ようにアメリカ□《じん》を□《み》た。

⑧ □《まる》い□《つき》が□《で》る。

⑨ □《はやし》が□《おお》□《か》じになる。

⑩ □《もく》ようと□《ど》ようは□《てん》□《き》がよかった。

れい文⑥～⑩

かん字を　かきましょう

なまえ

がつ　にち

（こたえ➡17ページ）

⑥ □《きん》よう□《び》に□《おん》がくがある。

⑦ □《げつ》ようにアメリカ□《じん》を□《み》た。

⑧ □《まる》い□《つき》が□《で》る。

⑨ □《はやし》が□《おお》□《か》じになる。

⑩ □《もく》ようと□《ど》ようは□《てん》□《き》がよかった。

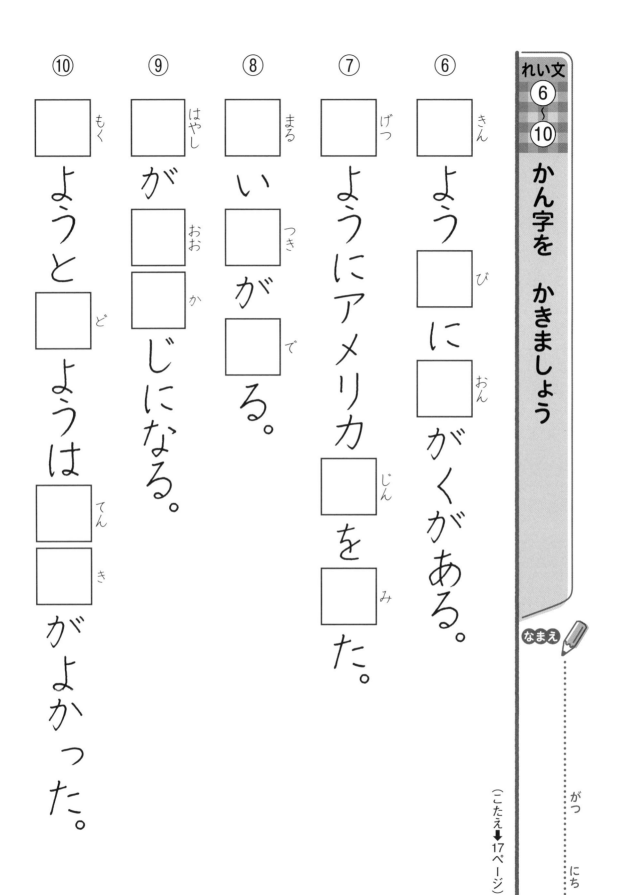

れい文 ⑪〜⑮

文を　三かい　よみましょう

なまえ

がつ　にち

⑪ 白《しら》ゆきひめと七《しち》人《にん》の小《こ》人《びと》たち。

⑫ 森《もり》の大《おお》きなくぬぎの木《き》。

⑬ 天《てん》は夕《ゆう》日《ひ》で赤《あか》く見《み》える。

⑭ 先《せん》生《せい》がつま先《さき》で立《た》つ。

⑮ 生《う》まれた子《こ》犬《いぬ》に名《な》まえをつける。

れい文 ⑪～⑮

かん字を ていねいに なぞりましょう

なまえ

がつ　にち

⑪ 白《しら》ゆきひめと七《しち》人《にん》の小《こ》人《びと》たち。

⑫ 森《もり》の大《おお》きなくぬぎの木《き》。

⑬ 天《てん》は夕《ゆう》日《ひ》で赤《あか》く見《み》える。

⑭ 先《せん》生《せい》がつま先《さき》で立《た》つ。

⑮ 生《う》まれた子《こ》犬《いぬ》に名《な》まえをつける。

れい文 ⑪〜⑮

かん字に　よみがなを　つけましょう

なまえ

がつ　にち

⑪ 白（　）ゆきひめと七（　）人（　）の小（　）人（　）たち。

⑫ 森（　）の大（　）きなくぬぎの木（　）。

⑬ 天（　）は夕（　）日（　）で赤（　）く見（　）える。

⑭ 先（　）生（　）がつま先（　）で立（　）つ。

⑮ 生（　）まれた子（　）犬（　）に名（　）まえをつける。

（こたえ⬇25ページ）

れい文 11〜15

かん字の　できかたを　よみましょう

なまえ

がつ　にち

人

ひと　ジン　ニン

たび人《びと》　日本人《にほんじん》　人間《にんげん》

人《ひと》を　よこから　見《み》た　形《かたち》の　字《じ》です。

大

おお　おお-きい　ダイ　タイ

大男《おおおとこ》　大《おお》きい山《やま》　大王《だいおう》　大《たい》へん

手足《てあし》を　広《ひろ》げて　立《た》っている　人《ひと》の　形《かたち》です。
大《おお》きく　見《み》えるでしょう。

天

あま　テン

天《あま》の川《がわ》　天気《てんき》

大《だい》の　上《うえ》に　口《くち》を　かいた　字《じ》です。
大《おお》きい　人《ひと》の　もっと　上《うえ》の　ことを　表《あらわ》しています。

立

た-つ　リツ

立《た》ち上《あ》がる　起立《きりつ》

大《だい》（）の　足元《あしもと》に　線《せん》を　引《ひ》いて、人《ひと》が　立《た》っていることを
表《あらわ》した　字《じ》です。

犬

いぬ　ケン

子犬《こいぬ》　名犬《めいけん》

犬《いぬ》の　形《かたち》を　字《じ》に　しました。
大《だい》と　形《かたち》が　にていますが　かんけいありません。

れい文 ⑪〜⑮

かん字の　れんしゅうを　しましょう

なまえ

がつ　にち

（こたえ⬇25ページ）

⑪ 白《しら》ゆきひめと七《しち》人《にん》の□《こ》□《びと》たち。

⑫ 森《もり》の□《おお》きなくぬぎの木《き》。

⑬ 天《てん》は夕《ゆう》日《ひ》で□《あか》く□《み》える。

⑭ 先《せん》□《せい》がつま先《さき》で□《た》つ。

⑮ 生《う》まれた□《こ》□《いぬ》に名《な》まえをつける。

れい文⑪～⑮

かん字の　れんしゅうを　しましょう

なまえ

がつ　にち

（こたえ⬇25ページ）

⑪ □《しら》ゆきひめと□《しち》□《にん》の小《こ》人《びと》たち。

⑫ □《もり》の大《おお》きなくぬぎの□《き》。

⑬ □《てん》は□《ゆう》□《ひ》で赤《あか》く見《み》える。

⑭ □《せん》生《せい》がつま□《さき》で立《た》つ。

⑮ □《う》まれた子《こ》犬《いぬ》に□《な》まえをつける。

れい文 ⑪〜⑮

かん字を　かきましょう

なまえ

がつ　にち

（こたえ⬇25ページ）

⑪ □《しら》ゆきひめと□《しち》□《にん》の□《こ》□《びと》たち。

⑫ □《もり》の□《おお》きなくぬぎの□《き》。

⑬ □《てん》は□《ゆう》□《ひ》で□《あか》く□《み》える。

⑭ □《せん》□《せい》がつま□《さき》で□《た》つ。

⑮ □《う》まれた□《こ》□《いぬ》に□《な》まえをつける。

れい文 ⑪～⑮ かん字を　かきましょう

なまえ

がつ　にち

（こたえ➡25ページ）

⑪ □《しら》ゆきひめと□《しち》□《にん》の□《こ》□《びと》たち。

⑫ □《もり》の□《おお》きなくぬぎの□《き》。

⑬ □《てん》は□《ゆう》□《ひ》で□《あか》く□《み》える。

⑭ □《せん》□《せい》がつま□《さき》で□《た》つ。

⑮ □《う》まれた□《こ》□《いぬ》に□《な》まえをつける。

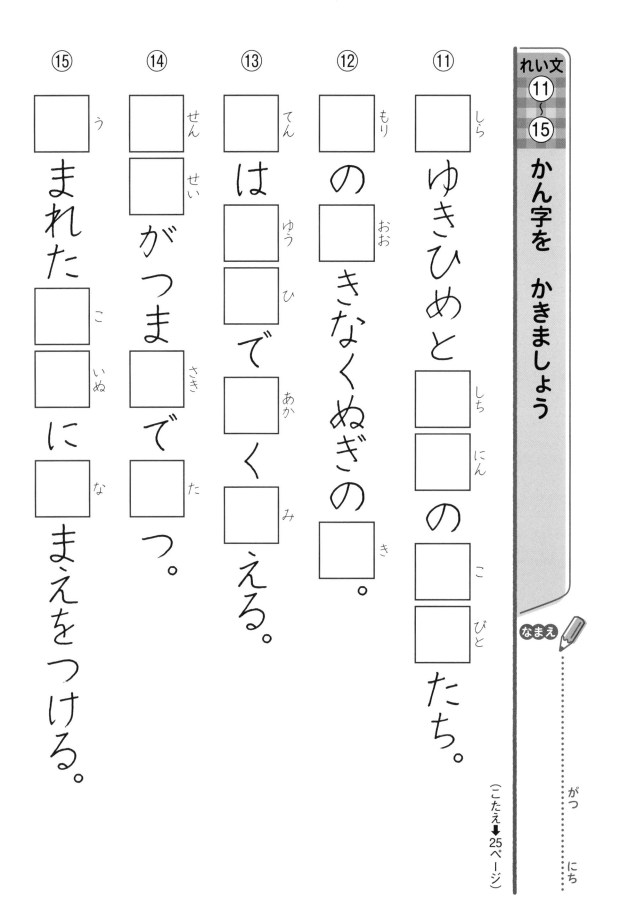

れい文 ⑯〜⑳

文を　三かい　よみましょう

なまえ

がつ　にち

⑯ 右《みぎ》手《て》であく手《しゅ》する。

⑰ 早《はや》くげん気《き》になってえん足《そく》にいく。

⑱ 口《くち》から空《くう》気《き》が入《はい》る。

⑲ 王《おう》さまの耳《みみ》はろばの耳《みみ》。

⑳ 上《うえ》から目《め》ぐすりを二《に》、三《さん》てきさす。

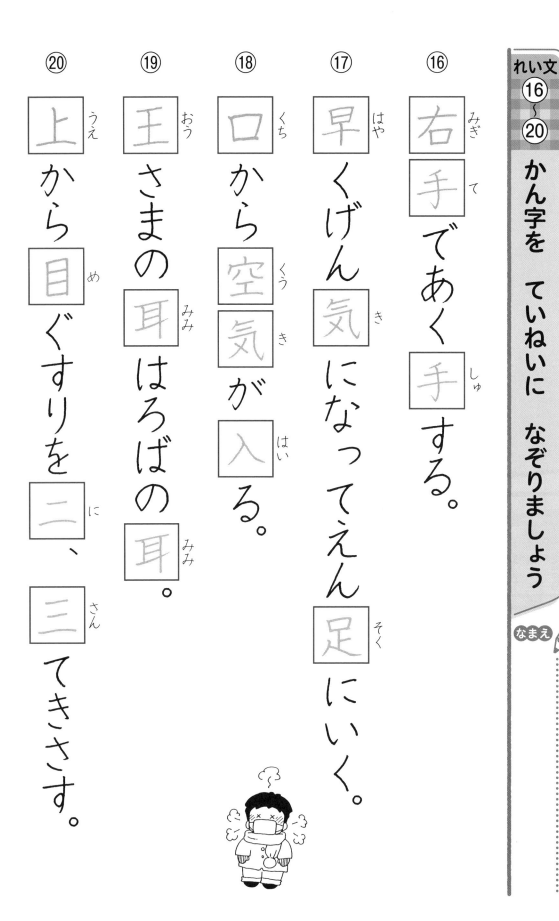

れい文 ⑯〜⑳

かん字を　ていねいに　なぞりましょう

なまえ

がつ　にち

⑯ 右《みぎ》手《て》であく手《しゅ》する。

⑰ 早《はや》くげんき気《き》になっててえん足《そく》にいく。

⑱ 口《くち》から空《くう》気《き》が入《はい》る。

⑲ 王《おう》さまの耳《みみ》はろばの耳《みみ》。

⑳ 上《うえ》から目《め》ぐすりを二《に》、三《さん》てきさす。

れい文 ⑯〜⑳

かん字に　よみがなを　つけましょう

なまえ

がつ　にち

⑯ 右手であく手する。

⑰ 早くげん気になってえん足にいく。

⑱ 口から空気が入る。

⑲ 王さまの耳はろばの耳。

⑳ 上から目ぐすりを二、三てきさす。

（こたえ➡33ページ）

れい文 16〜20

かん字の できかたを よみましょう

なまえ

がつ　にち

手

て　シュ

手本《てほん》　手《て》ぶくろ　せん手《しゅ》

手《て》の 形《かたち》（うでの 先《さき》に 手《て》が ある）から 作《つく》った 字《じ》です。
上《うえ》の図《ず》のように 五本《ごほん》の ゆびからも 作《つく》られました。

足

あし　たーりる　たーす　ソク

足音《あしおと》　足《た》りない　つけ足《た》す　えん足《そく》

人《ひと》の 足《あし》の ひざこぞうから 下《した》の 形《かたち》です。

耳

みみ

耳《みみ》できく　耳《みみ》をすます

耳《みみ》の 形《かたち》から 作《つく》った 字《じ》です。

目

め　モク

目《め》をさます　目玉《めだま》　目《もく》ひょう

目《め》の 形《かたち》から 作《つく》った 字《じ》です。
今《いま》の 字《じ》は 目《め》を たてに して います。

口

くち　コウ　ク

口《くち》の中《なか》　人口《じんこう》　口調《くちょう》

口《くち》の 形《かたち》から 作《つく》った 字《じ》です。

れい文 ⑯〜⑳

かん字の れんしゅうを しましょう

なまえ　　　　がつ　　にち

（こたえ➡33ページ）

⑯ □《みぎ》手《て》であく手《しゅ》する。

⑰ 早《はや》くげん気《き》になってえん□《そく》にいく。

⑱ □《くち》から空《くう》気《き》が□《はい》る。

⑲ □《おう》さまの耳《みみ》はろばの耳《みみ》。

⑳ 上《うえ》から目《め》ぐすりを□《に》、□《さん》てきさす。

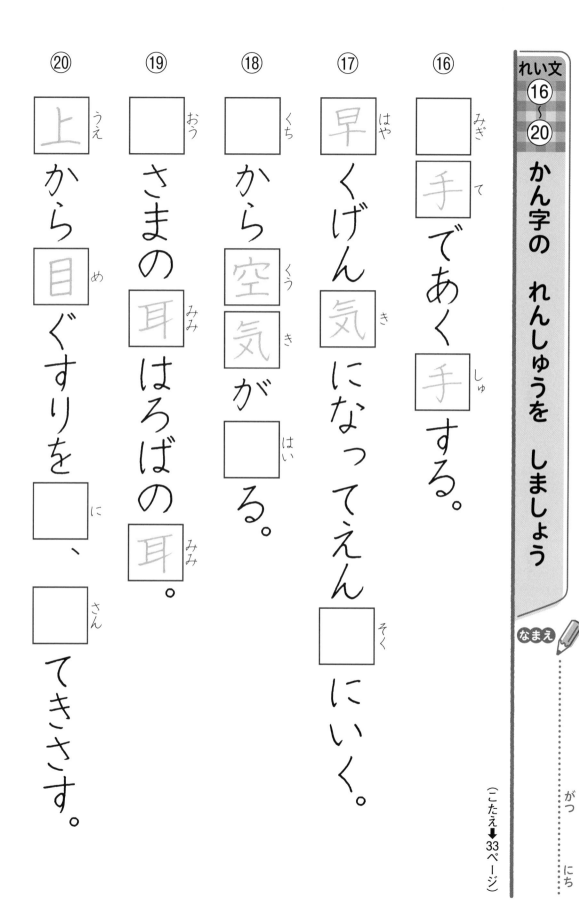

れい文 ⑯～⑳

かん字の　れんしゅうを　しましょう

なまえ

がつ　にち

（こたえ⬇33ページ）

⑯ 右《みぎ》□《て》であく□《しゅ》する。

⑰ □《はや》くげん□《き》になってえん足《そく》にいく。

⑱ 口《くち》から空《くう》□《き》が入《はい》る。

⑲ 王《おう》さまの□《みみ》はろばの□《みみ》。

⑳ □《うえ》から□《め》ぐすりを二《に》、三《さん》てきさす。

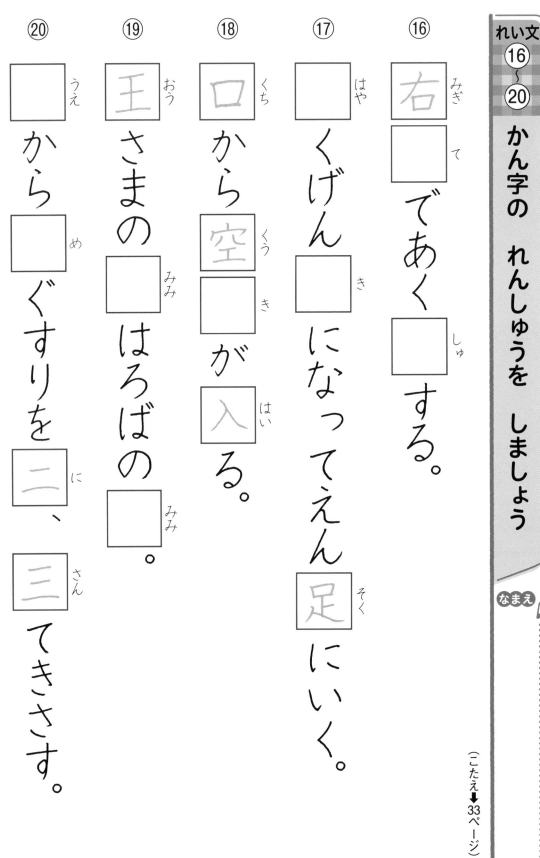

れい文 ⑯〜⑳
かん字を　かきましょう

なまえ

がつ　にち

（こたえ⬇33ページ）

⑯ □《みぎ》□《て》であく□《しゅ》する。

⑰ □《はや》くげん□《き》になってえん□《そく》にいく。

⑱ □《くち》から□《くう》□《き》が□《はい》る。

⑲ □《おう》さまの□《みみ》はろばの□《みみ》。

⑳ □《うえ》から□《め》ぐすりを□《に》、□《さん》てきさす。

れい文 ⑯〜⑳

かん字を　かきましょう

なまえ

がつ　にち

（こたえ⬇33ページ）

⑯ □《みぎ》□《て》であく□《しゅ》する。

⑰ □《はや》くげん□《き》になってえん□《そく》にいく。

⑱ □《くち》から□《くう》□《き》が□《はい》る。

⑲ □《おう》さまの□《みみ》はろばの□《みみ》。

⑳ □《うえ》から□《め》ぐすりを□《に》、□《さん》てきさす。

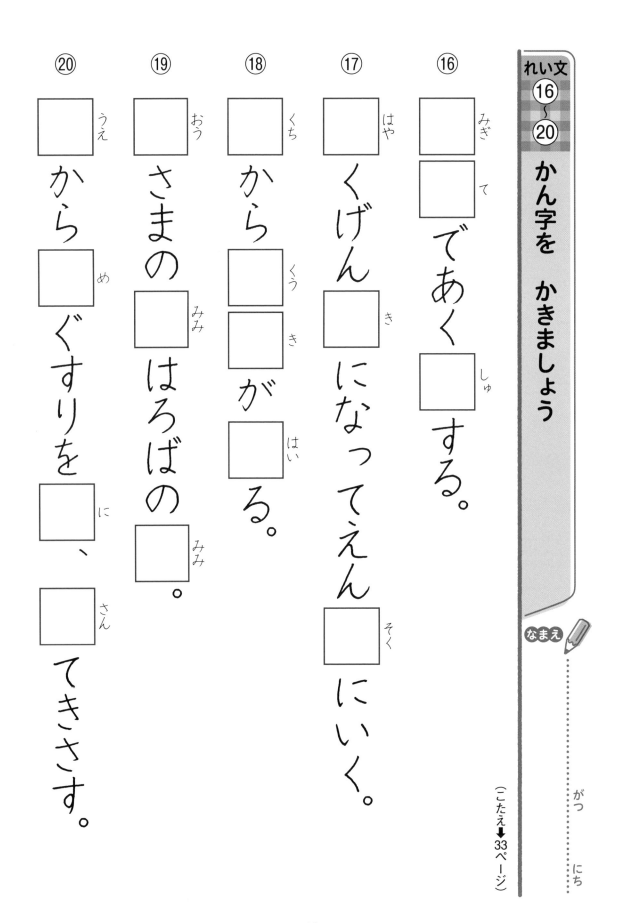

れい文 ㉑～㉕

文を　三かい　よみましょう

なまえ

がつ　にち

㉑ 上《じょう》下《げ》左《さ》右《ゆう》を見《み》る。

㉒ 青《あお》空《ぞら》を見《み》上《あ》げる。

㉓ ろう下《か》で足《あし》音《おと》がする。

㉔ 人《ひと》は右《みぎ》、車《くるま》は左《ひだり》。

㉕ でん車《しゃ》が九《く》じに出《しゅっ》ぱつする。

れい文 ㉑〜㉕

かん字を ていねいに なぞりましょう

なまえ

がつ にち

㉑ 上下左右《じょうげさゆう》を見《み》る。

㉒ 青空《あおぞら》を見上《みあ》げる。

㉓ ろう下《か》で足音《あしおと》がする。

㉔ 人《ひと》は右《みぎ》、車《くるま》は左《ひだり》。

㉕ でん車《しゃ》が九《く》じに出《しゅっ》ぱつする。

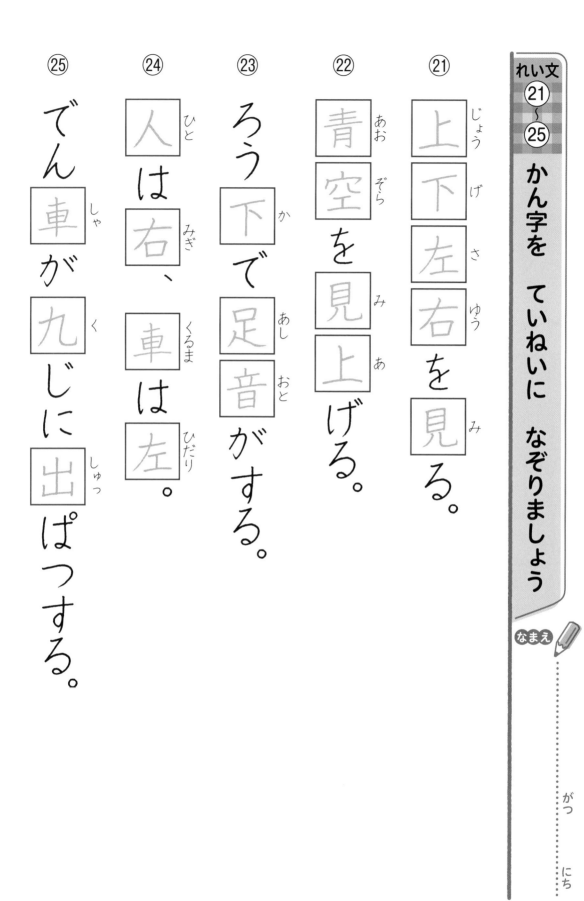

れい文 ㉑〜㉕

かん字に　よみがなを　つけましょう

なまえ

がつ　　にち

（こたえ⬇41ページ）

㉑ 上下左右を見る。

㉒ 青空を見上げる。

㉓ ろう下で足音がする。

㉔ 人は右、車は左。

㉕ でん車が九じに出ぱつする。

れい文
21～25

かん字の できかたを よみましょう

なまえ

がつ　にち

上

うえ　かみ　あ-げる　のぼ-る　ジョウ

山《やま》の上《うえ》　川上《かわかみ》　花火《はなび》を上《あ》げる　日《ひ》が上《のぼ》る　上空《じょうくう》

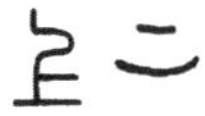

てのひらの　上《うえ》に　点《てん》を　つけて　上《うえ》を　表《あらわ》して　います。

下

した　しも　さ-げる　くだ-る　お-ろす　カ　ゲ

下《した》じき　川下《かわしも》　ね下《さ》げ　川下《かわくだ》り　にもつを下《お》ろす　ろう下《か》　上中下《じょうちゅうげ》

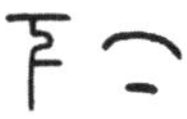

てのひらを　下《した》へ　むけ　下《した》に　点《てん》を　つけて　下《した》を　表《あらわ》して　います。

右

みぎ　ウ　ユウ

まわれ右《みぎ》　右《う》せつ　左右《さゆう》

右手《みぎて》（）と　口《くち》を　組《く》み合《あ》わせた　字《じ》です。右《みぎ》を　表《あらわ》します。

左

ひだり　サ

左《ひだり》がわ　左右《さゆう》

左手《ひだりて》（）と　工《こう》を　組《く》み合《あ》わせた　字《じ》です。左《ひだり》を　表《あらわ》します。

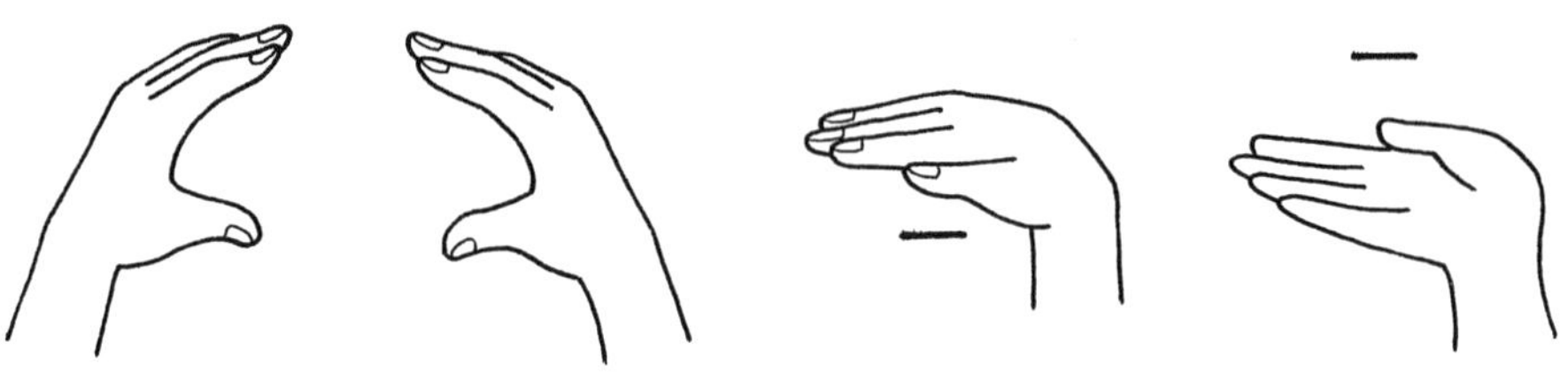

れい文㉑～㉕

かん字の　れんしゅうを　しましょう

なまえ

がつ　にち

（こたえ⬇41ページ）

㉑ 上《じょう》□《げ》左《さ》□《ゆう》を見《み》る。

㉒ 青《あお》空《ぞら》を□《み》□《あ》げる。

㉓ ろう下《か》で□《あし》音《おと》がする。

㉔ □《ひと》は□《みぎ》、車《くるま》は左《ひだり》。

㉕ でん車《しゃ》が□《く》じに□《しゅっ》ぱつする。

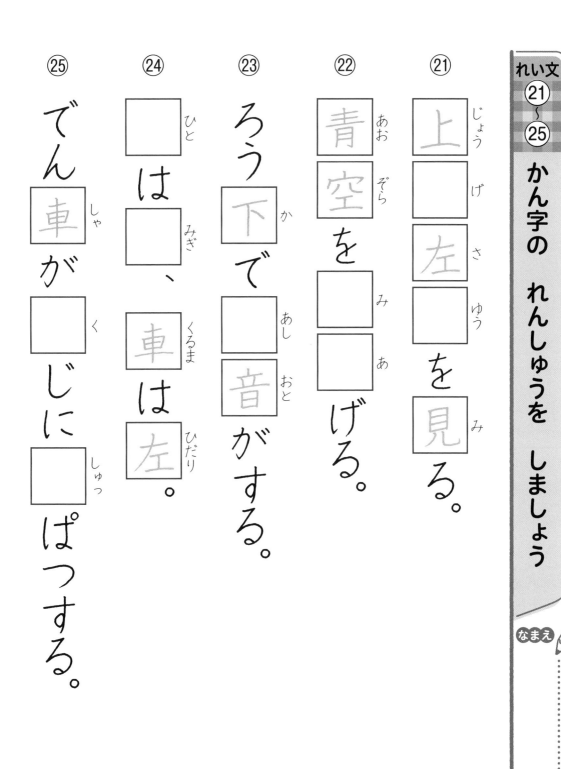

れい文 ㉑〜㉕

かん字の　れんしゅうを　しましょう

なまえ

がつ　にち

㉑ □《じょう》下《げ》□《さ》右《ゆう》を□《み》る。

㉒ □《あお》□《ぞら》を見《み》上《あ》げる。

㉓ ろう□《か》で足《あし》□《おと》がする。

㉔ 人《ひと》は右《みぎ》、□《くるま》は□《ひだり》。

㉕ でん□《しゃ》が九《く》じに出《しゅっ》ぱつする。

（こたえ➡41ページ）

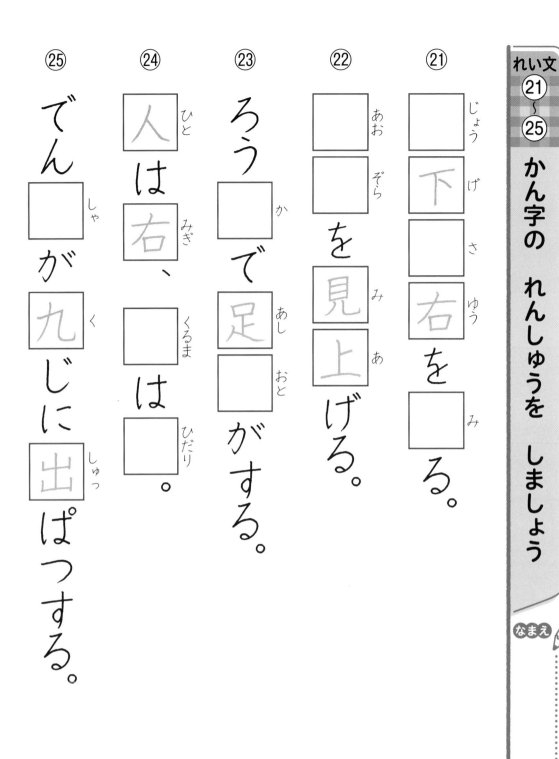

れい文 ㉑～㉕

かん字を　かきましょう

なまえ

がつ　　にち

（こたえ⬇41ページ）

㉑ □《じょう》□《げ》□《さ》□《ゆう》を□《み》る。

㉒ □《あお》□《ぞら》を□《み》□《あ》げる。

㉓ ろう□《か》で□《あし》□《おと》がする。

㉔ □《ひと》は□《みぎ》、□《くるま》は□《ひだり》。

㉕ でん□《しゃ》が□《く》じに□《しゅっ》ぱつする。

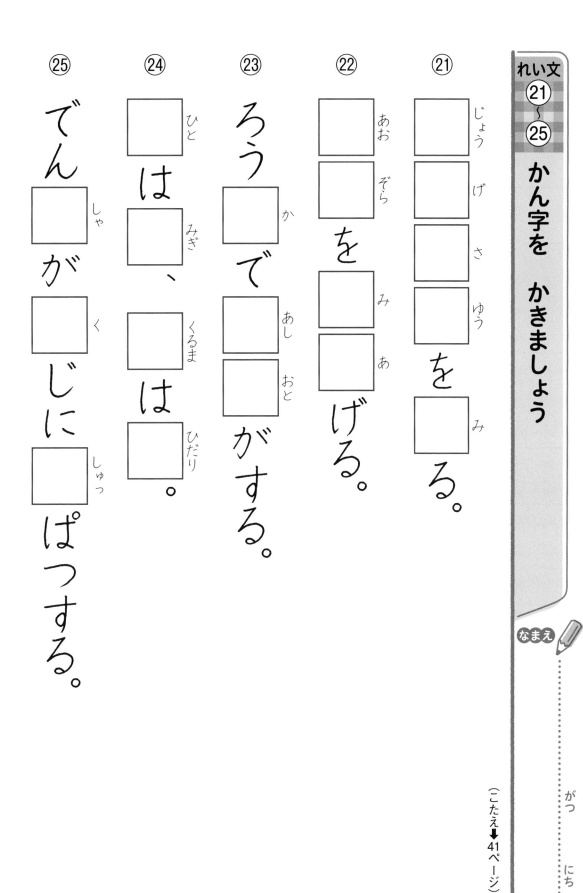

れい文 ㉑～㉕ かん字を　かきましょう

なまえ

がつ　にち

（こたえ➡41ページ）

㉑ □《じょう》□《げ》□《さ》□《ゆう》を□《み》る。

㉒ □《あお》□《ぞら》を□《み》□《あ》げる。

㉓ ろう□《か》で□《あし》□《おと》がする。

㉔ □《ひと》は□《みぎ》、□《くるま》は□《ひだり》。

㉕ でん□《しゃ》が□《く》じに□《しゅっ》ぱつする。

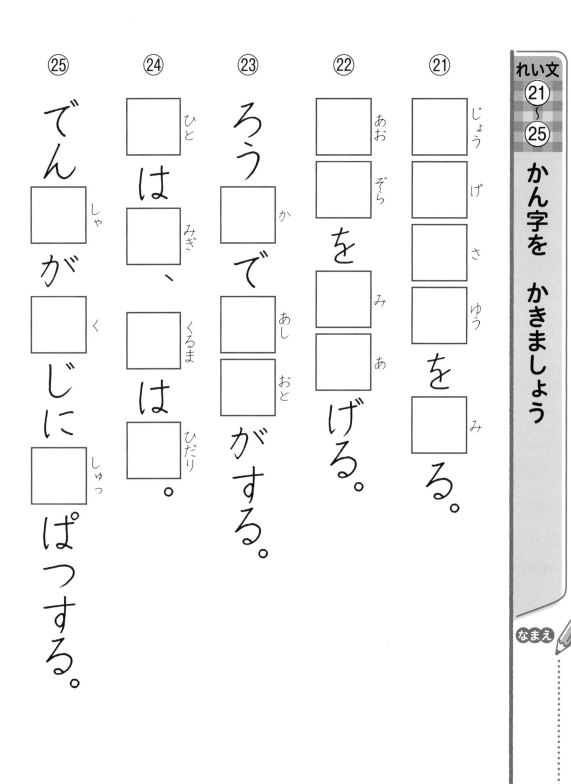

れい文 ㉖〜㉚

文を　三かい　よみましょう

なまえ

がつ　にち

㉖ 五《ご》目《もく》めしに竹《たけ》の子《こ》が入《はい》っている。

㉗ 男《だん》女《じょ》が二人《ふたり》ずつならぶ。

㉘ この村《むら》の村《そん》ちょうは女《おんな》の人《ひと》です。

㉙ 四《し》月《がつ》に入《にゅう》学《がく》しきがある。

㉚ 日《にち》よう日《び》は学《がっ》校《こう》は休《やす》みです。

れい文 ㉖〜㉚

かん字を　ていねいに　なぞりましょう

なまえ

がつ　　にち

㉖ 五《ご》目《もく》めしに竹《たけ》の子《こ》が入《はい》っている。

㉗ 男《だん》女《じょ》が二人《ふたり》ずつならぶ。

㉘ この村《むら》の村《そん》ちょうは女《おんな》の人《ひと》です。

㉙ 四《し》月《がつ》に入《にゅう》学《がく》しきがある。

㉚ 日《にち》よう日《び》は学《がっ》校《こう》は休《やす》みです。

れい文㉖〜㉚

かん字に　よみがなを　つけましょう

（こたえ➡49ページ）

なまえ

がつ　にち

㉖ 五目めしに竹の子が入っている。

㉗ 男女が二人ずつならぶ。

㉘ この村の村ちょうは女の人です。

㉙ 四月に入学しきがある。

㉚ 日よう日は学校は休みです。

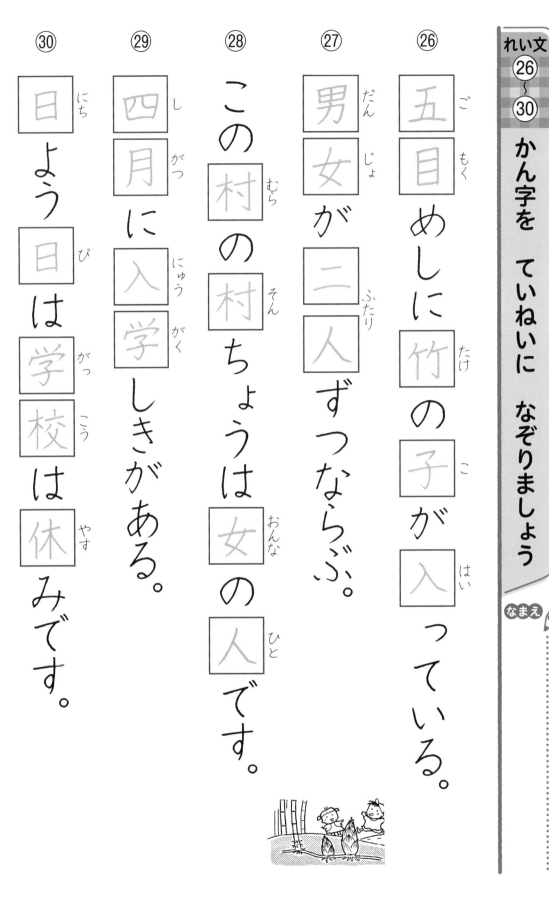

れい文 26〜30

かん字の できかたを よみましょう

なまえ

がつ　にち

子

こ　シ　ス

女《おんな》の子《こ》　男子《だんし》　様子《ようす》

小《ちい》さい　子《こ》が　手《て》を　あげて　いる　様子《ようす》から　できた　字《じ》です。

女

おんな　ジョ

女《おんな》の子《こ》　女王《じょおう》

女《おんな》の人《ひと》が　すわって　いる　形《かたち》です。

男

おとこ　ダン　ナン

大男《おおおとこ》　男子《だんし》　長男《ちょうなん》

田《た》と　力《ちから》を　合《あ》わせた　形《かたち》です。

力《ちから》は　田《た》を　たがやす　すきの　形《かたち》から　できました。

学

まな-ぶ　ガク

よくあそびよく学《まな》べ　小学生《しょうがくせい》

子《こ》どもが　勉強《べんきょう》を　する　たてものの　中《なか》に　いる　形《かたち》です。

おおむかしも　子《こ》どもは　勉強《べんきょう》して　いました。

校

コウ

学校《がっこう》

読《よ》み方《かた》を　表《あらわ》す　交（コウ）と　木《き》で、まなびやの　意味《いみ》です。

れい文 ㉖〜㉚

かん字の　れんしゅうを　しましょう

なまえ　　がつ　　にち

（こたえ⬇49ページ）

㉖ □《ご》□《もく》めしに竹《たけ》の子《こ》が□《はい》っている。

㉗ 男《だん》□《じょ》が□人《ふたり》ずつならぶ。

㉘ この村《むら》の村《そん》ちょうは□《おんな》の□《ひと》です。

㉙ □《し》□《がつ》に入《にゅう》学《がく》しきがある。

㉚ □《にち》よう□《び》は学《がっ》校《こう》は□《やす》みです。

れい文 ㉖〜㉚

かん字の れんしゅうを しましょう

なまえ　　　がつ　　　にち

（こたえ⬇49ページ）

㉖ 五《ご》目《もく》めしに□《たけ》の□《こ》が入《はい》っている。

㉗ □《だん》女《じょ》が二□《ふたり》ずつならぶ。

㉘ この□《むら》の□《そん》ちょうは女《おんな》の人《ひと》です。

㉙ 四《し》月《がつ》に□《にゅう》□《がく》しきがある。

㉚ 日《にち》よう日《び》は□《がっ》□《こう》は休《やす》みです。

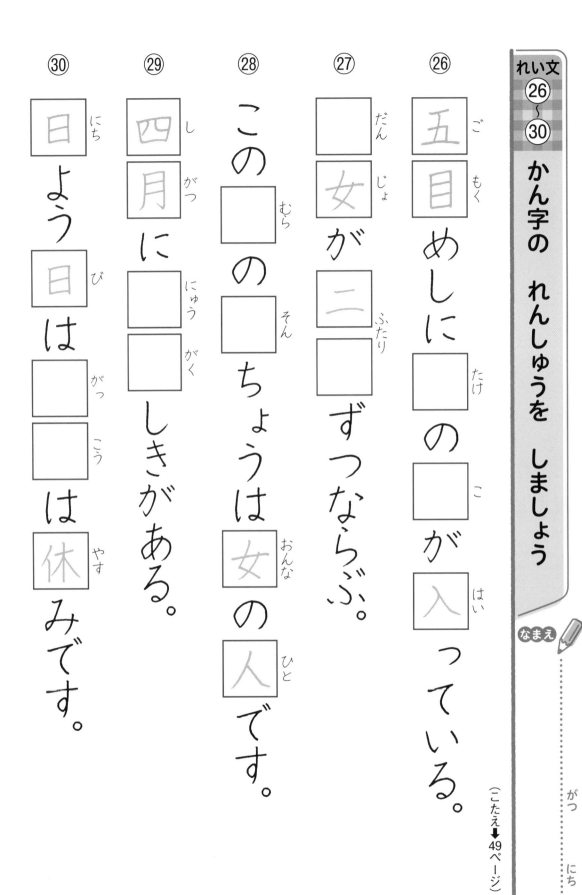

れい文 ㉖～㉚

かん字を　かきましょう

なまえ

がつ　にち

（こたえ⬇49ページ）

㉖ □《ご》□《もく》めしに□《たけ》の□《こ》が□《はい》っている。

㉗ □《だん》□《じょ》が□□《ふたり》ずつならぶ。

㉘ この□《むら》の□《そん》ちょうは□《おんな》の□《ひと》です。

㉙ □《し》□《がつ》に□《にゅう》□《がく》しきがある。

㉚ □《にち》よう□《び》は□《がっ》□《こう》は□《やす》みです。

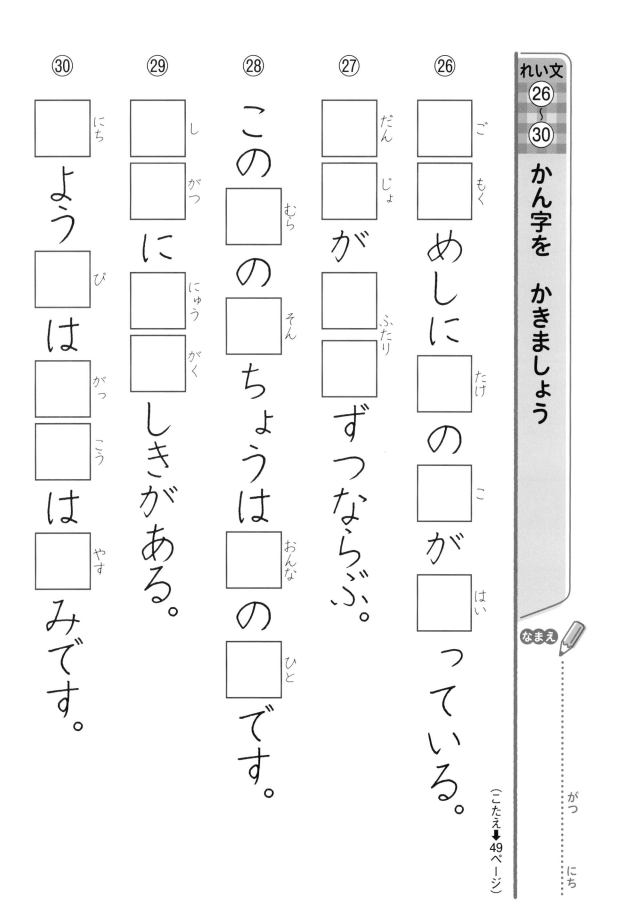

れい文 ㉖〜㉚

かん字を　かきましょう

なまえ

がつ　にち

（こたえ⬇49ページ）

㉖ □《ご》□《もく》めしに□《たけ》の□《こ》が□《はい》っている。

㉗ □《だん》□《じょ》が□□《ふたり》ずつならぶ。

㉘ この□《むら》の□《そん》ちょうは□《おんな》の□《ひと》です。

㉙ □《し》□《がつ》に□《にゅう》□《がく》しきがある。

㉚ □《にち》よう□《び》は□《がっ》□《こう》は□《やす》みです。

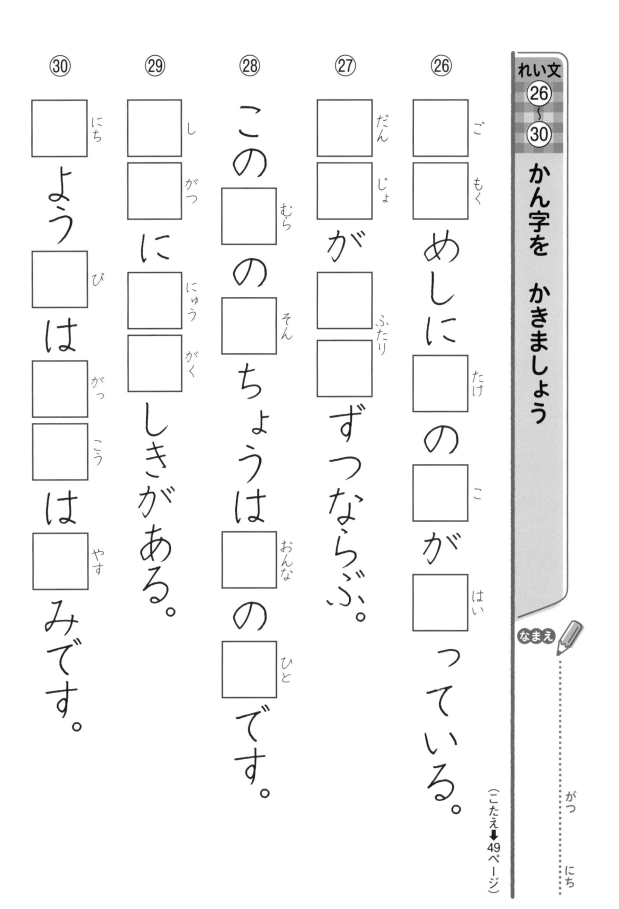

れい文 ㉛〜㉟

文を　三かい　よみましょう

なまえ

がつ　にち

㉛ 先《せん》生《せい》のことをさく文《ぶん》にかく。

㉜ 小《しょう》学《がく》生《せい》が七《なな》百《ひゃく》人《にん》います。

㉝ 文《も》字《じ》を正《ただ》しくかく。

㉞ この本《ほん》は男《おとこ》の子《こ》に人《にん》気《き》がある。

㉟ 九《きゅう》十《じっ》（じゅっ）さいまでながく生《い》きする。

れい文 ㉛〜㉟

かん字を　ていねいに　なぞりましょう

なまえ

がつ　にち

㉛ 先生《せんせい》のことをさく文《ぶん》にかく。

㉜ 小学生《しょうがくせい》が七百人《ななひゃくにん》います。

㉝ 文字《もじ》を正《ただ》しくかく。

㉞ この本《ほん》は男《おとこ》の子《こ》に人気《にんき》がある。

㉟ 九十《きゅうじっ》さいまでなが生《い》きする。

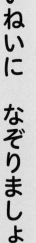

れい文 ㉛～㉟

かん字に　よみがなを　つけましょう

なまえ

がつ　にち

（こたえ⬇57ページ）

㉛ 先生のことをさくかく文にかく。

㉜ 小学生が七百人います。

㉝ 文字を正しくかく。

㉞ この本は男の子に人気がある。

㉟ 九十さいまでなが生きする。

れい文 31〜35

かん字の できかたを よみましょう

なまえ

がつ　にち

先

さき　セン

先《さき》にいく　先生《せんせい》

足《あし》あと（　）と　人《ひと》を　合《あ》わせた　字《じ》です。

足《あし》あとが　先《さき》なので　先《さき》に　行《い》くという　意味《いみ》です。

生

い-きる　う-まれる　は-える　なま　セイ　ショウ

生《い》きる　生《う》まれる　歯《は》が生《は》える　生水《なまみず》　一年生《いちねんせい》　一生《いっしょう》

草《くさ》が　土《つち》から　めを　出《だ》して　そだつ　様子《ようす》から　できた　字《じ》です。

字

ジ

かん字《じ》

やねの中《なか》に　子《こ》（　）で、子《こ》どものときの　名前《なまえ》のことを　表《あらわ》した　字《じ》です。

むかしは　大《おお》きくなると　名前《なまえ》を　かえていました。

文

ブン　モン

作文《さくぶん》　天文台《てんもんだい》

人《ひと》の　むねに　まじないの　もようを　かいた　しるしから　字《じ》が　できました。

もとは　もようの　意味《いみ》で、そこから　文字《もじ》や　言葉《ことば》の　意味《いみ》に　なりました。

本

もと　ホン

本《ほん》を読《よ》む　木《き》の根本《ねもと》　※「根元《ねもと》」とも　書《か》きます。

木《き》の　下《した》のほうに　しるしを　つけて　木《き》の　根本《ねもと》を　表《あらわ》しています。

れい文 ㉛〜㉟

かん字の れんしゅうを しましょう

なまえ

がつ にち

（こたえ⬇57ページ）

㉛ 先《せん》□《せい》のことをさく□《ぶん》にかく。

㉜ □《しょう》□《がく》□《せい》が七《なな》百《ひゃく》人《にん》います。

㉝ □《も》□《じ》を正《ただ》しくかく。

㉞ この本《ほん》は□《おとこ》の子《こ》に人《にん》□《き》がある。

㉟ 九《きゅう》十《じっ》さいまでなが□《い》きする。

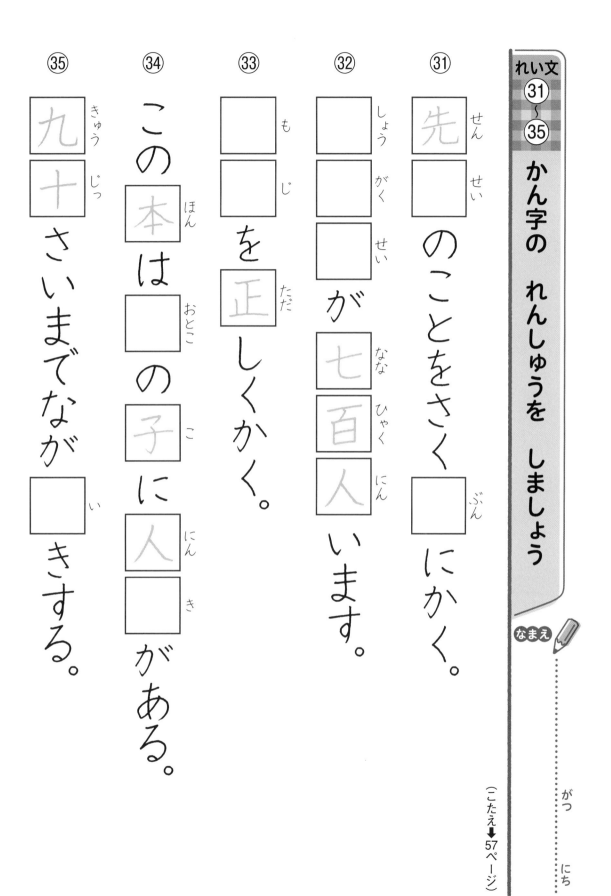

れい文 ㉛〜㉟ かん字の れんしゅうを しましょう

なまえ

がつ　にち

（こたえ⬇57ページ）

㉛ □《せん》生《せい》のことをさく文《ぶん》にかく。

㉜ 小《しょう》学《がく》生《せい》が□《なな》□《ひゃく》□《にん》います。

㉝ 文《も》字《じ》を□《ただ》しくかく。

㉞ この□《ほん》は男《おとこ》の□《こ》に□《にん》気《き》がある。

㉟ □《きゅう》□《じっ》さいまでなが生《い》きする。

れい文 ㉛〜㉟

かん字を　かきましょう

なまえ

がつ　にち

（こたえ⬇57ページ）

㉛ □《せん》□《せい》のことをさく□《ぶん》にかく。

㉜ □《しょう》□《がく》□《せい》が□《なな》□《ひゃく》□《にん》います。

㉝ □《も》□《じ》を□《ただ》しくかく。

㉞ この□《ほん》は□《おとこ》の□《こ》に□《にん》□《き》がある。

㉟ □《きゅう》□《じっ》さいまでなが□《い》きする。

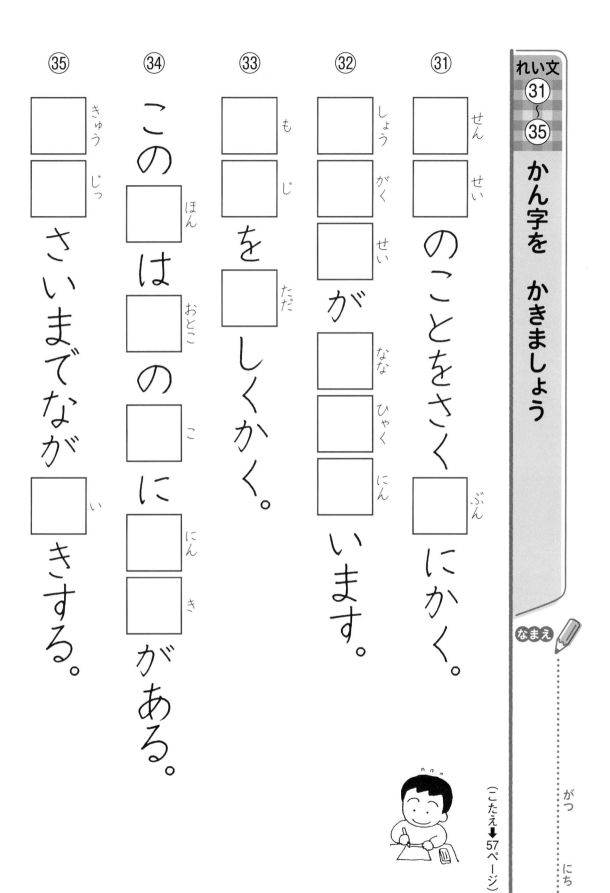

れい文 ㉛〜㉟

かん字を　かきましょう

なまえ

がつ　にち

（こたえ⬇57ページ）

㉛ □《せん》□《せい》のことをさく□《ぶん》にかく。

㉜ □《しょう》□《がく》□《せい》が□《なな》□《ひゃく》□《にん》います。

㉝ □《も》□《じ》を□《ただ》しくかく。

㉞ この□《ほん》は□《おとこ》の□《こ》に□《にん》□《き》がある。

㉟ □《きゅう》□《じっ》さいまでなが□《い》きする。

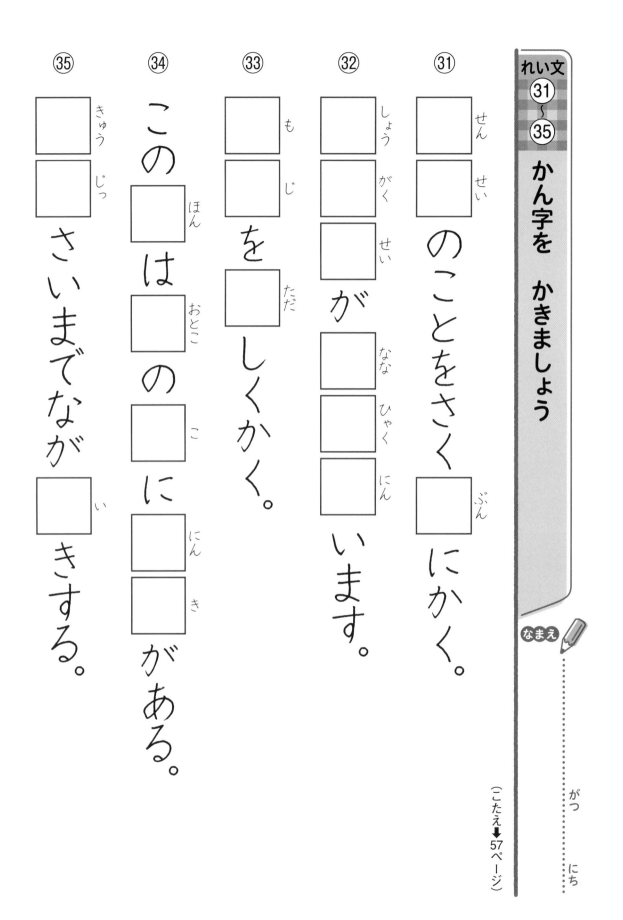

れい文 ㊱〜㊵

文を 三かい よみましょう

なまえ

がつ にち

㊱ 小《ちい》さな石《いし》を一《ひと》つひろう。

㊲ 大《おお》雨《あめ》が二《ふつ》日《か》つづく。

㊳ 五《いつ》つのにもつを三《さん》人《にん》でもつ。

㊴ わたしは六《ろく》月《がつ》十《とお》日《か》生《う》まれです。

㊵ 二《に》年《ねん》生《せい》が八《はち》十《じゅう》四《よん》名《めい》います。

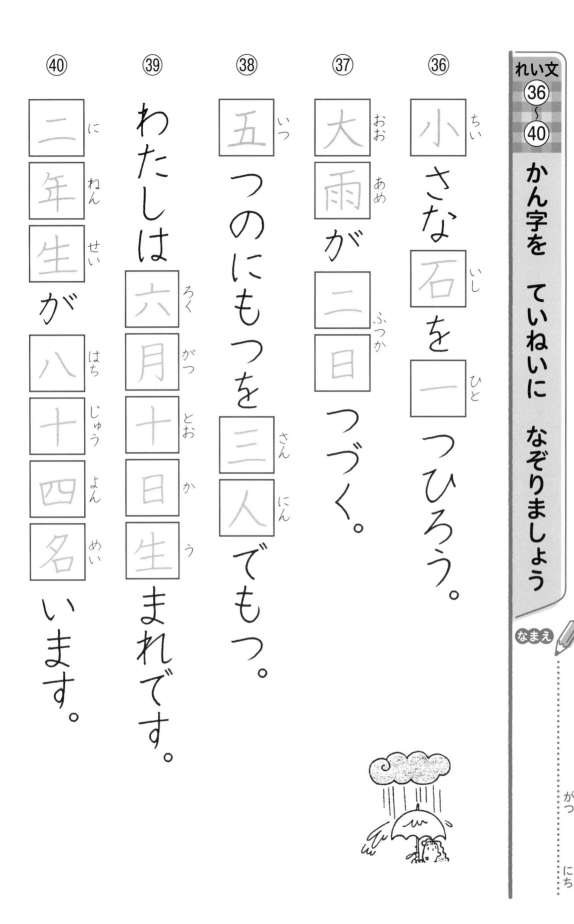

れい文 36〜40 かん字を　ていねいに　なぞりましょう

なまえ

がつ　にち

㊱ 小《ちい》さな石《いし》を一《ひと》つひろう。

㊲ 大《おお》雨《あめ》が二日《ふつか》つづく。

㊳ 五《いつ》つのにもつを三《さん》人《にん》でもつ。

㊴ わたしは六《ろく》月《がつ》十《とお》日《か》生《う》まれです。

㊵ 二《に》年《ねん》生《せい》が八《はち》十《じゅう》四《よん》名《めい》います。

れい文 ㊱～㊵

かん字に　よみがなを　つけましょう

なまえ

がつ　にち

（こたえ➡65ページ）

㊱ （　）小さな（　）石を（　）一つひろう。

㊲ （　）大雨が（　）二日つづく。

㊳ （　）五つのにもつを（　）三人でもつ。

㊴ （　）わたしは（　）六月十日生まれです。

㊵ （　）二年生が（　）八十四名います。

れい文 36〜40

かん字の　できかたを　よみましょう

なまえ

がつ　にち

一

ひと　ひとーつ　イチ　イツ　一月《ひとつき》　一《ひと》つ　一月《いちがつ》　一本《いっぽん》

かずを　かぞえる　どうぐ（かぞえぼうのようなもの）を　よこに　一本《いっぽん》　おいた　形《かたち》です。

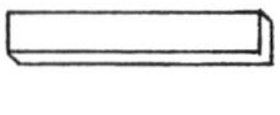

二

ふた　ふたーつ　ニ　二目《ふため》　二《ふた》つ　二月《にがつ》

かずを　かぞえる　どうぐを　二本《にほん》　ならべた　形《かたち》です。

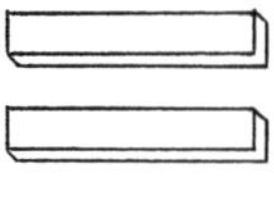

三

み　みーつ　みっーつ　サン　三日月《みかづき》　三《み》つ子《ご》　三《みっ》つ　三月《さんがつ》

かずを　かぞえる　どうぐを　三本《さんぼん》　ならべた　形《かたち》です。

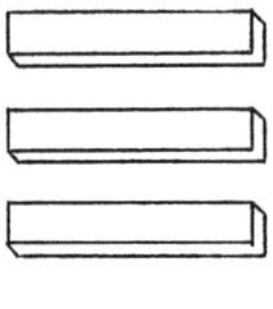

四

よ　よーつ　よっーつ　よん　シ　四人《よにん》　四《よ》つ角《かど》　四《よっ》つ　四回《よんかい》　四月《しがつ》

かずを　かぞえる　どうぐを　四本《よんほん》　ならべた　形《かたち》です。

三《さん》と　まちがえやすいので　今《いま》の　形《かたち》に　なりました。

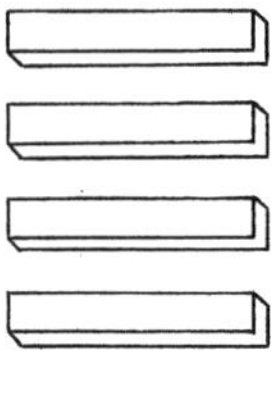

れい文 ㊱〜㊵

かん字の　れんしゅうを　しましょう

なまえ

がつ　にち

（こたえ➡65ページ）

㊱ □《ちい》さな石《いし》を一《ひと》つひろう。

㊲ □《おお》雨《あめ》が□日《ふつか》つづく。

㊳ 五《いつ》つのにもつを□《さん》□《にん》でもつ。

㊴ わたしは□《ろく》□《がつ》十《とお》日《か》□《う》まれです。

㊵ □《に》年《ねん》□《せい》が□《はち》□《じゅう》□《よん》名《めい》います。

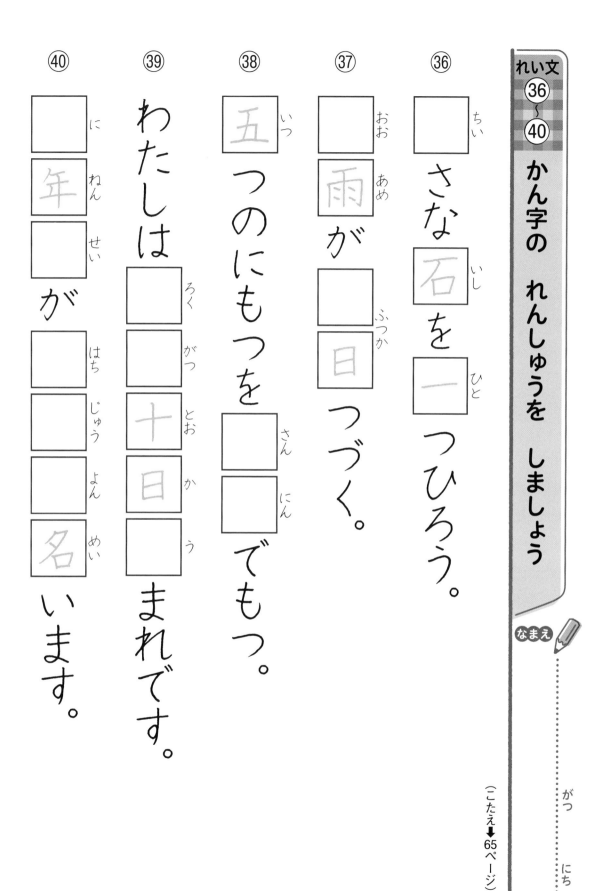

れい文 36〜40

かん字の　れんしゅうを　しましょう

なまえ

がつ　にち

（こたえ⬇65ページ）

㊱ 小《ちい》さな□《いし》を□《ひと》つひろう。

㊲ 大《おお》□《あめ》が二□《ふつか》つづく。

㊳ □《いつ》つのにもつを三《さん》人《にん》でもつ。

㊴ わたしは六《ろく》月《がつ》□《とお》□《か》生《う》まれです。

㊵ 二《に》□《ねん》生《せい》が八《はち》十《じゅう》四《よん》□《めい》います。

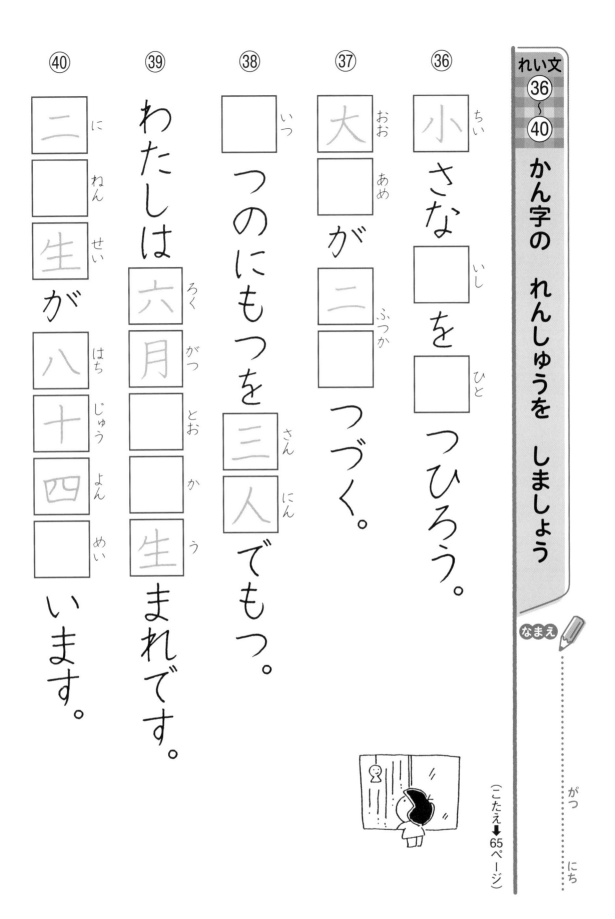

れい文 ㊱～㊵

かん字を　かきましょう

なまえ

がつ　にち

（こたえ⬇65ページ）

㊱ □《ちい》さな□《いし》を□《ひと》つひろう。

㊲ □《おお》□《あめ》が□□《ふつか》つづく。

㊳ □《いつ》つのにもつを□《さん》□《にん》でもつ。

㊴ わたしは□《ろく》□《がつ》□《とお》□《か》□《う》まれです。

㊵ □《に》□《ねん》□《せい》が□《はち》□《じゅう》□《よん》□《めい》います。

れい文 36～40

かん字を　かきましょう

なまえ

がつ　にち

（こたえ➡65ページ）

㊱ □《ちい》さな□《いし》を□《ひと》つひろう。

㊲ □《おお》□《あめ》が□□《ふつか》つづく。

㊳ □《いつ》つのにもつを□《さん》□《にん》でもつ。

㊴ わたしは□《ろく》□《がつ》□《とお》□《か》□《う》まれです。

㊵ □《に》□《ねん》□《せい》が□《はち》□《じゅう》□《よん》□《めい》います。

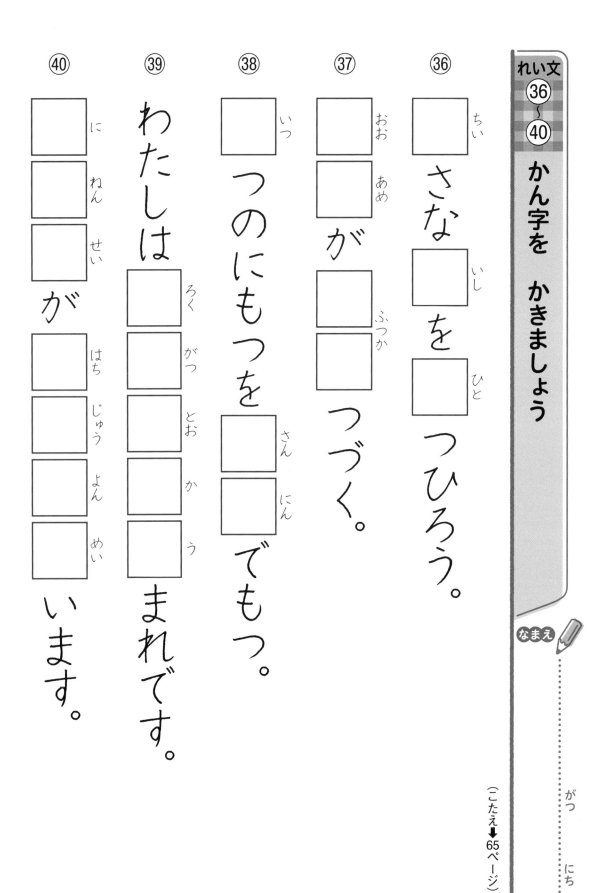

れい文 ㊶～㊺

文を 三かい よみましょう

なまえ

がつ にち

㊶ お正《しょう》月《がつ》にお年《とし》玉《だま》をもらう。

㊷ 千《せん》円《えん》さつをさいふから出《だ》す。

㊸ 青《せい》年《ねん》はお金《かね》を大《だい》じにつかう。

㊹ 白《しろ》い貝《かい》がらを八《やっ》つひろった。

㊺ 青《あお》い糸《いと》がと中《ちゅう》できれた。

れい文 41〜45

かん字を　ていねいに　なぞりましょう

なまえ

がつ　にち

41 お正《しょう》月《がつ》にお年《とし》玉《だま》をもらう。

42 千《せん》円《えん》さつをさいふから出《だ》す。

43 青《せい》年《ねん》はお金《かね》を大《だい》じにつかう。

44 白《しろ》い貝《かい》がらを八《やっ》つひろった。

45 青《あお》い糸《いと》がと中《ちゅう》できれた。

れい文 ㊶〜㊺

かん字に　よみがなを　つけましょう

なまえ

がつ　にち

（こたえ➡73ページ）

㊶ お正月にお年玉をもらう。

㊷ 千円さつをさいふから出す。

㊸ 青年はお金を大じにつかう。

㊹ 白い貝がらを八つひろった。

㊺ 青い糸がと中できれた。

れい文 41〜45

かん字の できかたを よみましょう

なまえ

玉

たま ギョク 玉入《たまい》れ 宝玉《ほうぎょく》

三《みっ》つの 玉《ぎょく》を ひもで むすびつけた 形《かたち》です。
むかしの 人《ひと》は 玉《ぎょく》を 大切《たいせつ》に しました。

円

まる-い エン 円《まる》い紙《かみ》 百円《ひゃくえん》

おいのりの うつわが 円《まる》いので ○を つけ (圓)、
○で かこんで (圓) 円《まる》いことを 表《あらわ》しています。

金

かね キン コン お金《かね》 金《きん》メダル 金《きん》よう日《び》 金色《こんじき》

銅《どう》の かたまりを 作《つく》るときの 形《かたち》から できた 字《じ》です。
もとは 金物《かなもの》を 表《あらわ》していました。

貝

かい 貝《かい》がら

貝《かい》の 形《かたち》から できた 字《じ》です。むかし 貝《かい》は 大切《たいせつ》な ものでした。
お金《かね》のように 使《つか》われたときも ありました。
ですから、お金《かね》と かんけいある字《じ》に よく 貝《かい》が ついています。

白

しろ しろ-い しら ハク 白色《しろいろ》 白《しろ》い花《はな》 白《しら》ゆきひめ 白鳥《はくちょう》

白《しろ》くなった 頭《ず》がい骨《こつ》の 形《かたち》です。
ほかに どんぐりの かわを むいた 形《かたち》とする 考《かんが》えも あります。

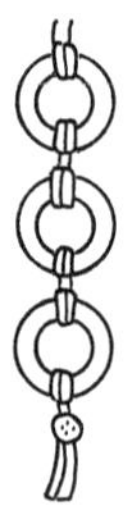

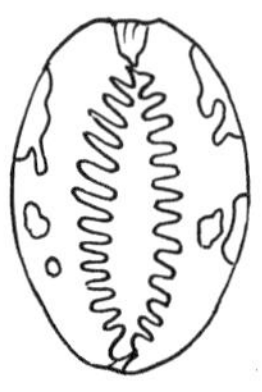

がつ にち

れい文 ㊶〜㊺

かん字の　れんしゅうを　しましょう

なまえ

がつ　にち

（こたえ⬇73ページ）

㊶ お□《しょう》□《がつ》におお年《とし》玉《だま》をもらう。

㊷ 千《せん》円《えん》さつをさいふから□《だ》す。

㊸ 青《せい》年《ねん》はお□《かね》を□《だい》じにつかう。

㊹ □《しろ》い貝《かい》がらを□《やっ》つひろった。

㊺ □《あお》い糸《いと》がと□《ちゅう》できれた。

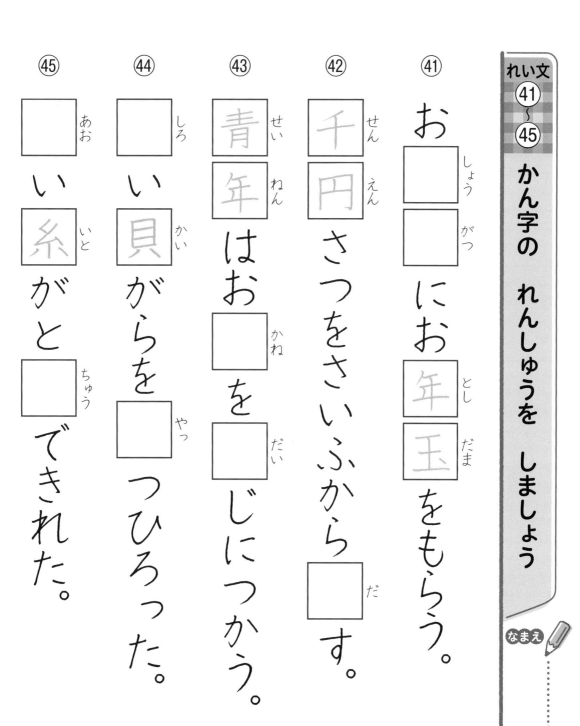

れい文 ㊶～㊺

かん字の れんしゅうを しましょう

なまえ

がつ　にち

（こたえ⬇73ページ）

㊶ お正《しょう》月《がつ》にお□《とし》□《だま》をもらう。

㊷ □《せん》□《えん》さつをさいふから出《だ》す。

㊸ □《せい》□《ねん》はお金《かね》を大《だい》じにつかう。

㊹ 白《しろ》い□《かい》がらを八《やっ》つひろった。

㊺ 青《あお》い□《いと》がと中《ちゅう》できれた。

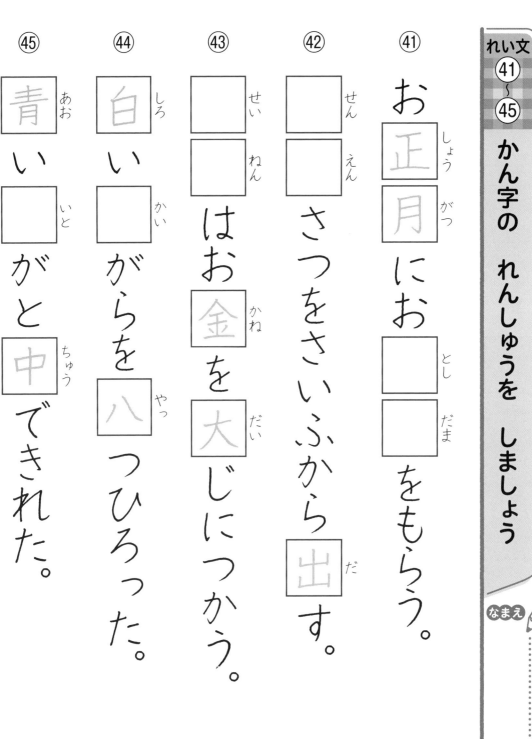

れい文 ㊶〜㊺

かん字を　かきましょう

なまえ

がつ　にち

㊶ お□《しょう》□《がつ》にお□《とし》□《だま》をもらう。

㊷ □《せん》□《えん》さつをさいふから□《だ》す。

㊸ □《せい》□《ねん》はお□《かね》を□《だい》じにつかう。

㊹ □《しろ》い□《かい》がらを□《やっ》つひろった。

㊺ □《あお》い□《いと》がと□《ちゅう》できれた。

（こたえ⬇73ページ）

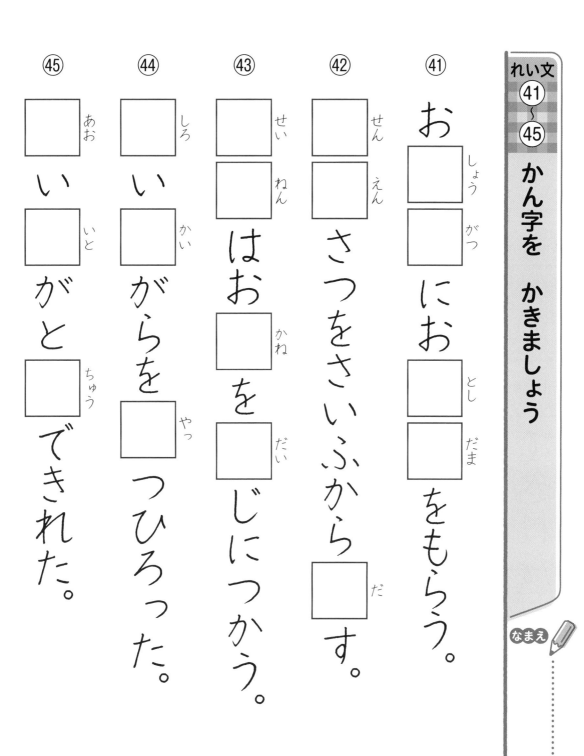

れい文 ㊶～㊺

かん字を　かきましょう

なまえ

がつ　にち

（こたえ⬇73ページ）

㊶ お□《しょう》□《がつ》にお□《とし》□《だま》をもらう。

㊷ □《せん》□《えん》さつをさいふから□《だ》す。

㊸ □《せい》□《ねん》はお□《かね》を□《だい》じにつかう。

㊹ □《しろ》い□《かい》がらを□《やっ》つひろった。

㊺ □《あお》い□《いと》がと□《ちゅう》できれた。

れい文 ㊻～㊿

文を　三かい　よみましょう

なまえ

がつ　にち

㊻ 草《くさ》花《ばな》を大《たい》せつにしよう。

㊼ かぶと虫《むし》は こん虫《ちゅう》の王《おう》さまです。

㊽ 村《むら》に田《た》んぼが九《ここの》つある。

㊾ 町《まち》一《いち》ばんの力《ちから》もち。

㊿ 土《つち》の中《なか》から、石《いし》が見《み》つかった。

れい文 ㊻～㊿
かん字を　ていねいに　なぞりましょう

なまえ

がつ　にち

㊻ 草《くさ》花《ばな》を大《たい》せつにしよう。

㊼ かぶと虫《むし》はこん虫《ちゅう》の王《おう》さまです。

㊽ 村《むら》に田《た》んぼが九《ここの》つある。

㊾ 町《まち》一《いち》ばんの力《ちから》もち。

㊿ 土《つち》の中《なか》から、石《いし》が見《み》つかった。

れい文 ㊻〜㊿

かん字に　よみがなを　つけましょう

なまえ

がつ　にち

（こたえ⬇81ページ）

㊻ 草花を大せつにしよう。

㊼ かぶと虫はこん虫の王さまです。

㊽ 村に田んぼが九つある。

㊾ 町一ばんの力もち。

㊿ 土の中から、石が見つかった。

れい文 46〜50

かん字の できかたを よみましょう

なまえ

がつ　にち

草

くさ　ソウ

水草《みずくさ》　草原《そうげん》

艹と 早(ソウ)を たした 字《じ》です。くさの ことを 表《あらわ》します。

花

はな　カ

花見《はなみ》　花《か》だん

艹と 化(カ)を たした 字《じ》です。はなの ことを 表《あらわ》します。

虫

むし　チュウ

かぶと虫《むし》　よう虫《ちゅう》

むかし へビのような ものを 虫《むし》と 言《い》いました。今《いま》は こん虫《ちゅう》のように 小《ちい》さい 虫《むし》の ことを 表《あらわ》します。

田

た　デン

田《た》んぼ　水田《すいでん》

くぎった 田《た》んぼの 形《かたち》から できた 字《じ》です。

町

まち　チョウ

下町《したまち》　町内会《ちょうないかい》

田《た》と 丁(チョウ)を たした 字《じ》です。人《ひと》が たくさん 集《あつ》まった ところを 表《あらわ》します。

郵 便 は が き

料金受取人払郵便

大阪北局
承 認
246

差出有効期間
2024年5月31日まで
※切手を貼らずに
お出しください。

530-8790

156

大阪市北区曽根崎2－11－16
梅田センタラルビル

清風堂書店
愛読者係 行

愛読者カード ご購入ありがとうございます。

フリガナ お名前		性別	男 ・ 女
		年齢	歳
TEL FAX	（ ）	ご職業	
ご住所	〒 －		
E-mail	@		

ご記入いただいた個人情報は、当社の出版の参考にのみ活用させていただきます。
第三者には一切開示いたしません。

□学力がアップする教材満載のカタログ送付を希望します。

◆ご購入書籍・プリント名

◆ご購入店舗・サイト名等（　　　　　　　　　　　　　　　　　　　）

◆ご購入の決め手は何ですか？（あてはまる数字に○をつけてください。）

1．表紙・タイトル　2．中身　3．価格　4．SNSやHP
5．知人の紹介　6．その他（　　　　　　　　　　　　）

◆本書の内容にはご満足いただけたでしょうか？（あてはまる数字に○をつけてください。）

たいへん満足　5　4　3　2　1　不満

◆本書の良かったところや改善してほしいところを教えてください。

◆ご意見・ご感想、本書の内容に関してのご質問、また今後欲しい商品のアイデアがありましたら下欄にご記入ください。

ご協力ありがとうございました。

★ご感想を小社HP等で匿名でご紹介させていただく場合もございます。　□可　□不可

★おハガキをいただいた方の中から抽選で10名様に2,000円分の図書カードをプレゼント！
当選の発表は、賞品の発送をもってかえさせていただきます。

れい文 ㊻～㊿ かん字の れんしゅうを しましょう

なまえ

がつ にち

（こたえ⬇81ページ）

㊻ 草《くさ》□《ばな》を□《たい》せつにしよう。

㊼ かぶと虫《むし》はこん虫《ちゅう》の□《おう》さまです。

㊽ 村《むら》に□《た》んぼが□《ここの》つある。

㊾ 町《まち》一《いち》ばんの□《ちから》もち。

㊿ 土《つち》の中《なか》から、□《いし》が□《み》つかった。

れい文 ㊻〜㊿ かん字の れんしゅうを しましょう

なまえ

がつ　にち

（こたえ⬇81ページ）

㊻ □《くさ》花《ばな》を大《たい》せつにしよう。

㊼ かぶと□《むし》はこん□《ちゅう》の王《おう》さまです。

㊽ □《むら》に田《た》んぼが九《ここの》つある。

㊾ □《まち》□《いち》ばんの力《ちから》もち。

㊿ □《つち》の□《なか》から、石《いし》が見《み》つかった。

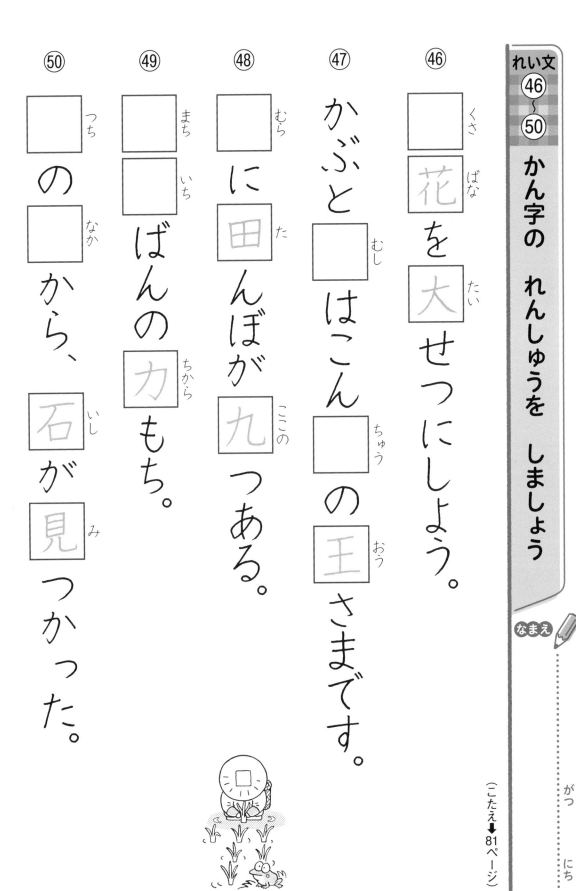

れい文 ㊻〜㊿

かん字を　かきましょう

なまえ

がつ　にち

（こたえ⬇81ページ）

㊻ □《くさ》□《ばな》を□《たい》せつにしよう。

㊼ かぶと□《むし》はこん□《ちゅう》の□《おう》さまです。

㊽ □《むら》に□《た》んぼが□《ここの》つある。

㊾ □《まち》□《いち》ばんの□《ちから》もち。

㊿ □《つち》の□《なか》から、□《いし》が□《み》つかった。

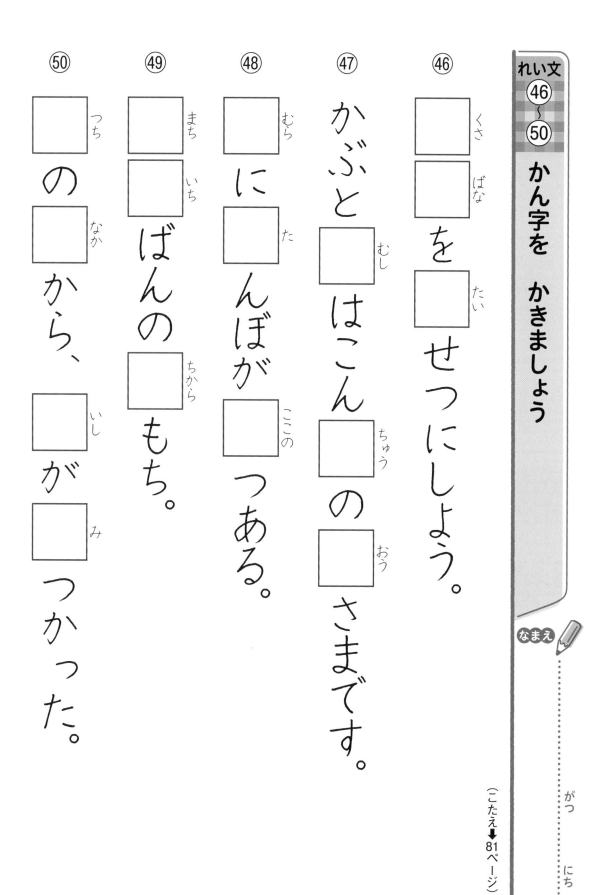

れい文 ㊻～㊿

かん字を　かきましょう

なまえ

がつ　にち

（こたえ⬇81ページ）

㊻ □《くさ》□《ばな》を□《たい》せつにしよう。

㊼ かぶと□《むし》はこん□《ちゅう》の□《おう》さまです。

㊽ □《むら》に□《た》んぼが□《ここの》つある。

㊾ □《まち》□《いち》ばんの□《ちから》もち。

㊿ □《つち》の□《なか》から、□《いし》が□《み》つかった。

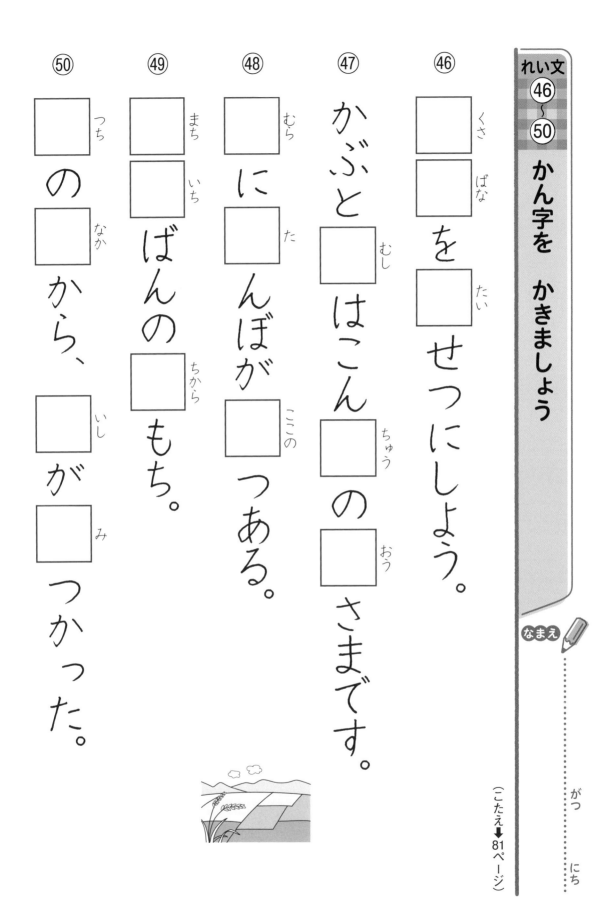

一年生の　まとめ⑴

□に　かん字を　かきましょう

なまえ

がつ　にち

（こたえ⬇95ページ）

① □《しょう》□《がっ》□《こう》の□《な》ふだをつける。

② □《ご》□《じゅう》□《おん》ずを□《た》ってよんだ。

③ □《も》□《じ》は□《ただ》しくていねいに。

④ □《せん》□《せい》にさく□《ぶん》をわたした。

⑤ □《め》も□《くち》もふさぐ□《ひと》。

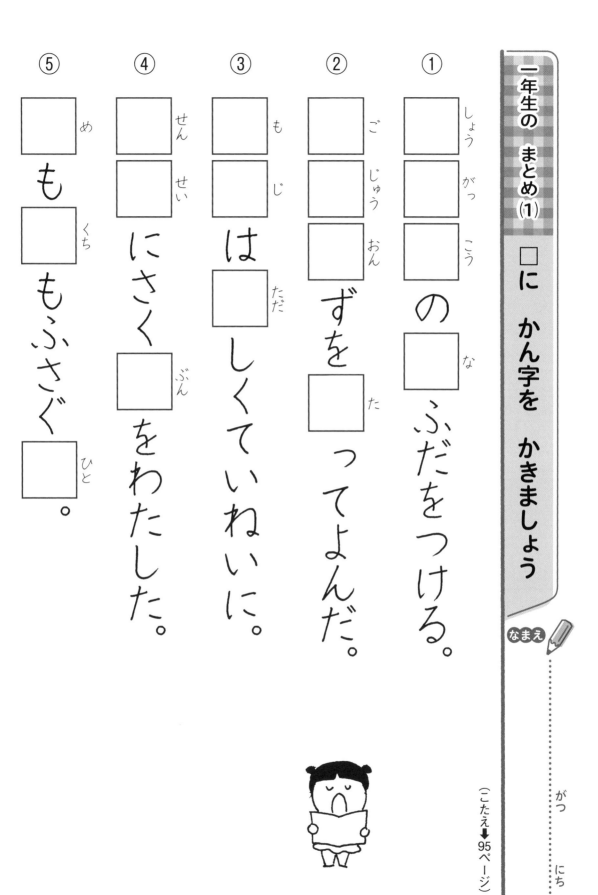

一年生の　まとめ ⑵

□に　かん字を　かきましょう

なまえ

がつ　にち

① □《おう》□《じょ》たん□《じょう》、□《はな》でいわう。

② □《みぎ》□《て》でつよくあく□《しゅ》する。

③ □《だん》□《し》も□《じょ》□《し》も□《しろ》いふく。

④ □《あか》や□《あお》の□《はな》□《び》が□《あ》がる。

⑤ □《しょう》□《がつ》に□《に》□《せん》□《えん》ものお□《とし》□《だま》に。

（こたえ⬇95ページ）

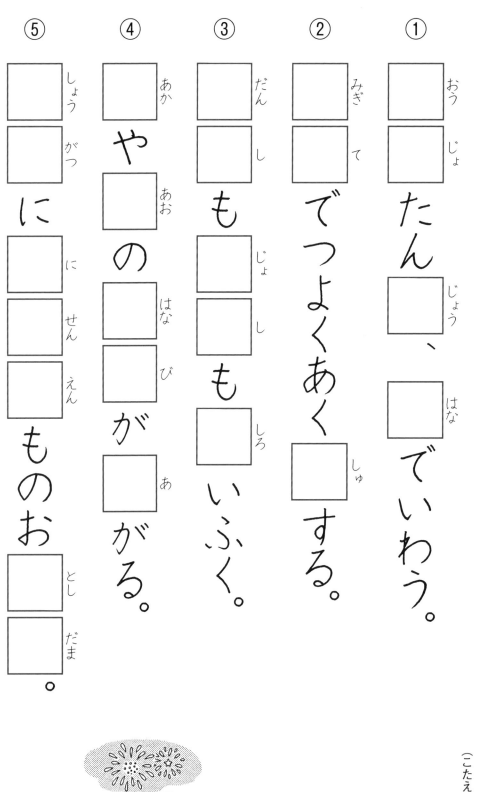

一年生の　まとめ ⑶

□に　かん字を　かきましょう

なまえ

がつ　　にち

（こたえ⬇95ページ）

① □《たい》□《ぼく》の□《した》でゆっくり□《やす》む。

② □《た》の□《ど》□《て》で、や□《そう》をつむ。

③ □《にち》よう□《び》に□《くるま》で□《で》かけた。

④ 子《こ》□《いぬ》が□《よん》ひきも□《う》まれた。

⑤ □《むら》の□《お》□《がわ》で□《みず》あそびをする。

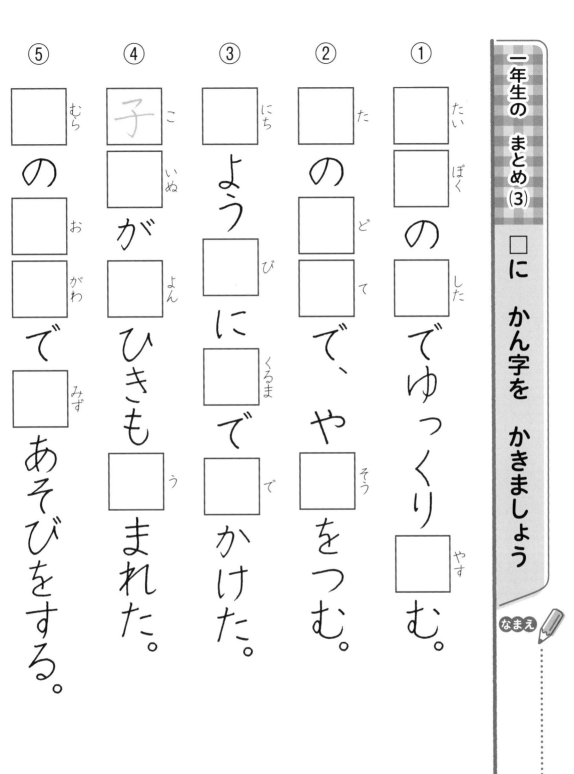

一年生の　まとめ(4)

□に　かん字を　かきましょう

なまえ　　　がつ　　　にち

(こたえ➡95ページ)

① □《かい》とほう□《せき》の□《みみ》かざりだ。

② □《やま》の□《うえ》に□《み》□《か》□《づき》が□《み》える。

③ □《もり》の□《なか》に□《おお》きな□《き》がある。

④ □《ゆう》やけが□《あか》くてきれいだ。

⑤ □《いち》□《にち》□《じゅう》、□《あめ》もなくいい□《てん》□《き》。

一年生の まとめ⑸

□に かん字を かきましょう

なまえ　　がつ　　にち

（こたえ⬇95ページ）

① □《じゅう》□《いち》□《がつ》の□《あお》い□《そら》。

② たこ□《いと》が□《きゅう》□《ほん》で□《はっ》□《ぴゃく》□《えん》もする。

③ こん□《ちゅう》を□《たけ》かごに□《い》れた。

④ □《あめ》が□《あ》がり□《なな》いろのにじ。

⑤ えん□《そく》ではべんとうを□《ろく》□《にん》で。

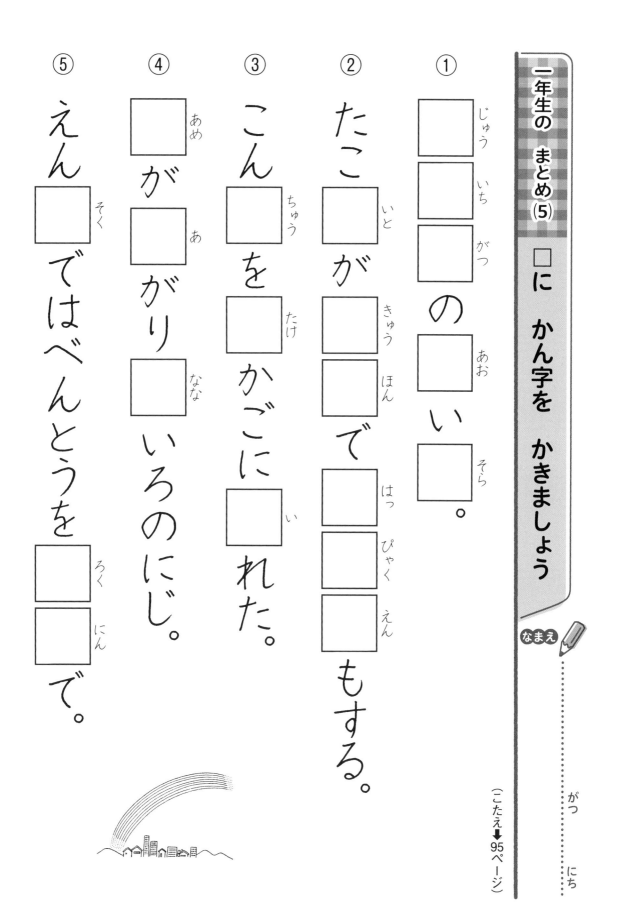

一年生の　まとめ⑹

□に　かん字を　かきましょう

なまえ

がつ　にち

（こたえ➡96ページ）

① みんなで□《ちから》□《だ》し□《きん》メダル。

② □《ちく》□《りん》のむこうは、となり□《まち》。

③ □《ひだり》の□《あし》で□《いし》をける。

④ □《ほん》よみと□《じ》のべんきょう。

⑤ □《はや》く□《に》□《ねん》□《せい》になりたいな。

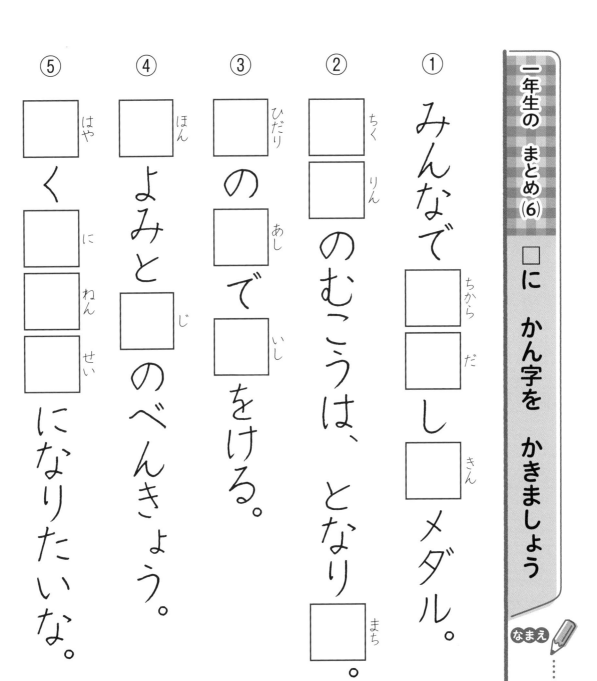

こたえ

〈まとめ(1) 89ページ〉
① 小学校 名
② 五十音 立
③ 文字 正
④ 先生 文
⑤ 目 口 人

〈まとめ(2) 90ページ〉
① 王女 生 花
② 右手 手
③ 男子 女子 白
④ 赤 青 花火 上
⑤ 正月 二千円 年玉

〈まとめ(3) 91ページ〉
① 大木 下 休
② 田 土手 草
③ 日 日 車 出
④ 子犬 四 生
⑤ 村 小川 水

〈まとめ(4) 92ページ〉
① 貝 石 耳
② 山 上 三日月 見
③ 森 中 大 木
④ 夕 赤
⑤ 一日中 雨 天気

〈まとめ(5) 93ページ〉
① 十一月 青 空
② 糸 九本 八百円
③ 虫 竹 入
④ 雨 上 七
⑤ 足 六人

〈まとめ(6)　94ページ〉

① 力　出　金
② 竹林　町
③ 左　足　石
④ 本　字
⑤ 早　二年生

【参考資料】

＊本書の漢字解説は以下の資料を参考にさせていただきました。

『インデックスフォント今昔文字鏡プロフェッショナル版』（紀伊國屋書店）
『漢字のなりたち物語』阿辻哲次（講談社）
『漢字の字源』阿辻哲次（講談社）
『漢字の謎解明講座』（日本漢字検定協会）
『漢字百話』白川静（中央公論新社）
『ことばのしるべ』（学校図書）
『字通』白川静（平凡社）
『字統』白川静（平凡社）
『常用字解』白川静（平凡社）
『白川静『文字講話』シリーズ』監修白川静（文字文化研究所）
『白川静式小学校漢字字典』小寺誠（フォーラム・Ａ）
『新潮日本語漢字辞典』（新潮社）
『青銅器の世界』パンフレット（白鶴美術館）
『説文解字』許真（中国書店印影本）
『例解小学漢字辞典』（三省堂）
『Ｓｕｐｅｒ日本語大辞典全ＪＩＳ漢字版』（学習研究社）